联结与超越

徐晓唯 ○ 著

新时代小学生
全球胜任力
培养之道

上海教育出版社
SHANGHAI EDUCATIONAL
PUBLISHING HOUSE

图书在版编目（CIP）数据

联结与超越：新时代小学生全球胜任力培养之道 / 徐晓唯著.
— 上海:上海教育出版社, 2020.10
ISBN 978-7-5720-0387-5

Ⅰ.①联… Ⅱ.①徐… Ⅲ.①小学生－素质教育－研究
Ⅳ.①G625.5

中国版本图书馆CIP数据核字(2020)第184792号

责任编辑　张瑾之
装帧设计　静斓工作室

联结与超越——新时代小学生全球胜任力培养之道
徐晓唯　著

出版发行	上海教育出版社有限公司
官　　网	www.seph.com.cn
地　　址	上海市永福路123号
邮　　编	200031
印　　刷	上海颛辉印刷厂有限公司
开　　本	700×1000　1/16　印张 13.5
字　　数	210 千字
版　　次	2020年10月第1版
印　　次	2020年10月第1次印刷
书　　号	ISBN 978-7-5720-0387-5/G·0282
定　　价	40.00 元

如发现质量问题，读者可向本社调换　电话:021-64377165

序

　　自 2009 年上海首次参加 PISA 测试以来，上海基础教育已经成为中国基础教育质量的代表，在不断推高中国基础教育基准线的同时，也成为世界了解中国基础教育的窗口。身为上海的教育工作者，我们理应感到自豪，更应感受到责任。可喜的是，这些年来，上海的基础教育前进的脚步不曾停歇，因为有一批批怀抱教育理想的教育者，在教育变革的道路上不断地探索、实践与创新，用智慧和勤奋书写着上海基础教育的盎然生机。

一

　　近日，收到上海市大宁国际小学徐晓唯校长的新作，嘱我作序，我心甚悦。记得这应该是第二次为她的著作写序了。和徐晓唯校长认识十多年，始终感佩于她对教育改革的热情、智慧和实干。我曾多次在不同的市级论坛聆听过她对许多教育主题的精辟见解和实践，这些论坛主题涉及学校管理、学科德育、课程教学改革、学生评价、教育信息化乃至家庭教育指导等。管窥一斑，大宁国际小学在徐晓唯校长的领导下，正迅速成长为上海基础教育的代表学校之一。我也曾多次到大宁国际小学实地考察，让我对大宁国际小学的"微笑教育"有了更为深刻的理解和认识。徐晓唯校长的第一本著作，就是对她"微笑教育"理念的系统梳理和阐述，令我记忆犹新。

　　第二本新作送来，乍拿到书稿，我就被书名"联结与超越：新时代小学生全球胜任力培养之道"深深吸引。对全球胜任力我们并不陌生，2018 年 PISA 出台全球胜任力测试框架，引起了世界各国的广泛关注，但它并不是一个全新的概念，早在 20 世纪 80 年代前后，全球胜任力（全球素养）就已经被提出，作为教育应对经济全球化带来的新议题、新冲突、新挑战所作出的积极回应。

　　进入 21 世纪，全世界都在关注技术发展大背景下人的观念和精神发展，我们也正在重塑自身对经济、交流、安全、文化身份、国籍、环境等问题的理解，时代巨变带来的冲击要求我们培养的人才要具备更加有效、更加适切与自主的学习方式，具备更加宽广的视野和对不同文化的理解、认同能力，具备综合运用自身的知识技能解决全球性问题的能力，具备在一个新的全球化环境中生活、竞争和合作的能力，而这正是全球胜任力教育的核心价值指向。

因此，如果梳理21世纪以来世界主要发达国家和国际社会组织所提出的核心素养框架体系，比较其关于核心素养内涵的多种诠释，我们就会发现，对学生全球胜任力的培养是一个具有共性的焦点，且得到越来越多国家的重视和实践。当然，全球胜任力的概念进入中国教育比较晚，而且主要在高校。所以，基础教育领域，特别是小学，对全球胜任力的研究还为数不多。但对于上海的基础教育，我向来提倡要发挥"敢为天下先"的精神，立足城市区域发展的特征，把握历史发展的机遇和挑战，既要有全球视野，又要有本土情怀，从而推动上海基础教育的内涵发展。身处位于上海中心城区的静安区，围绕基础教育探索全球胜任力培育的问题，徐晓唯校长和她的同伴们迈出了坚实的第一步。更为可贵的是，透过书名，阅读文字，让我能真切感受到徐晓唯校长对全球胜任力培育的关键问题的把握和破解是充满理性的。

二

我们可以从书名的几个关键词说起，当然，核心关键词是全球胜任力，但还有几个词我认为同样非常关键。

第一个关键词是新时代。党的十九大提出"中国特色社会主义进入了新时代，这是我国发展新的历史方位"。面对世界经济复苏乏力、局部冲突和全球性问题加剧的外部环境，面对我国经济发展进入新常态的深刻变化，十九大按照"五位一体"总体布局，对经济建设、政治建设、文化建设、社会建设、生态文明建设等作出全面部署；同时十九大进一步明确中国特色大国外交要推动构建新型国际关系，构建人类命运共同体。进入新时代，中国要日益走近世界舞台中央，不仅要拓展发展中国家走向现代化的途径，也要为解决人类问题贡献中国智慧和中国方案。因此，立足新时代背景思考人才培养的关键性问题，是教育发展所必须回应的时代命题。

在2018年9月召开的全国教育大会上，习近平总书记进一步明确指出，要大力培养掌握党和国家方针政策、具有全球视野、通晓国际规则、熟练运用外语、精通中外谈判和沟通的国际化人才。这一切都说明，树立教育发展和人才培养的国际化导向，培养学生的全球胜任力已经成为当下人才培养的重要趋势和潮流。

然而对于全球胜任力的研究和实践需要有一个根本性的前提，就是要以建立身份认同和文化自信为前提。今天的中国是全球化的积极推动者、受益者，但也深受全球化带来的文化冲击，在一定层面上造成青少年面临着民族认同与文化自信的危机。因此，没有民族认同和文化自信就谈全球胜任力培养，是无源之水，无本之木。对于这个问题，徐校长有着敏锐、清醒的认识。在这本书的第一章中，她明确提出学校育人的重要导向就是突出"立德树人"导向，她多次提及，学校全球胜任力的培育，是以立德树人为根基，以全球视野和跨文化交融为特征的实践研究过程，只有赋予全球胜任力以"中国语境"，才能使其适应中国基础教育发展的需求。我想，这个观点本身，就是融合全球视野与中国根基作出的重要判断，只有厘清培养什么人、怎样培养人和为谁培养人的根本性问题，才能让我们的任何教育改革都能肩负起新时代的教育使命。

第二个关键词是小学生。小学生是一个具有特殊年龄段的生理、心理发育特征的群体，小学生能不能发展全球胜任力？我想这个问题可能是任何小学思考全球胜任力培育首先需要回答的问题。其实，我想如果我们把全球胜任力替换成当下聚焦的核心素养，那么，小学生能不能发展核心素养？这个问题就不成其为问题了。相比较于核心素养，全球胜任力可以看作是对核心素养在空间维度上的表达，是一种包含多元能力结构的综合性素养。所以，全球胜任力的培育，不是一个阶段性概念，而是一个应该与学生的成长过程相融合，并循序渐进发展的过程，每个阶段的教育都因学生的年龄身心发展的特点而具有其独特的价值。我很高兴的是，大宁国际小学的全球胜任力素养模型正在经历从 1.0 到 3.0 不断发展的过程，他们并不是照搬 PISA 或任何组织关于 PISA 的概念模型，而是在学习、参考、批判与反思的基础上，不断创设符合小学生年段特点，符合学校教育教学特色，符合学校学生群体特征和发展需求的素养模型。我相信，这些模型的发展，一定是融入学校对全球胜任力关键能力和必备品格的实践认识不断深化的过程之中。它架构了学校办学理念、课程教学行动和发展评估之间的桥梁，用哲学思辨的方式丰富了学校育人目标的内涵。而这种方式，是现代学校发展的必由之路，也是走向教育家办学的独特标志。

第三个关键词是联结与超越。这是在方法、策略和路径层面对全球胜任力培育的重要提炼。我认为学校研究全球胜任力培育，需要回应两个关键问题：其一是培育学生全球胜任力和已有课程体系的关系；其二是培育学生全球胜任力和国际理解课程的关系。令人高兴的是，关于这两个问题，徐校长在这本书中都给予了思考和回应。首先，培育学生全球胜任力的方式很多，而最主要最核心的方式，就是和现有课程教材体系相融合，以全球视野和跨文化性来融入已有课程体系的实践研究；其次，以往国际理解课程偏重文化体验和认知层面，而全球胜任力培育则是为国际理解课程的深入探究提供了设计的脚手架，也就是要基于全球视野和跨文化性的理解，认识不同文化背景带来的认识差异，在尊重差异的基础上开展有效的交流与对话，并通过协作采取适切的行动，致力于问题的有效解决。而这正是全球胜任力的关键能力。

因此，审视全球视野下的课程与教学变革，联结与超越就是重要的破解路径。联结，包括学科与学科的联结、教师与教师的联结、学科学习与德育实践活动的联结、课内与课外的联结、校内与校外的联结等；而超越则是从学生主体出发，超越学科与活动边界，从时空、资源、技术等多领域重构学习活动，体现学习、实践与行动的一致性。所以，我们看到跨学科教学以及跨学科活动是大宁国际小学课程教学变革的重要形态。

三

新时代的教育改革有更深层次的内涵和更高质量的追求，推动新时代教育变革，培养德智体美劳全面发展的社会主义事业合格建设者和接班人是教育者共同的使命。我一直认为，新时代的上海教育，既要努力谋划高瞻远瞩的战略思维和价值追求，又要积极探索实践领域中的行动智慧和责任担当。在这一过程中，基于学校实际的校本研究和变革是最具基础性的，也是最具实践价值的。真心期待像本书一样的实践研究成果更多地出现，也期待新时代上海基础教育、中国基础教育有更加美好灿烂的未来。

中国教育学会副会长、上海市教育学会会长

尹后庆

2020 年 8 月

目录
CONTENTS

引　言
人才培养——从国际理解到全球胜任

　　人才培养是教育的关键问题和核心使命。党的十八大以来，习近平总书记就"培养什么人、怎样培养人、为谁培养人"发表了一系列重要论述，深刻回答了教育事业发展的根本性、方向性、全局性、战略性重大问题[①]，也为推动新时代我国各级各类教育改革和人才培养创新提供了根本遵循。人才的培养，教育的变革，既是历史的，又是现实的；既需要充分考虑和借鉴国际教育改革的最新理念和潮流，也需要坚定不移地立足国家、区域和学校的实际情况，只有在这种历史与现实、内部与外部关系的辩证把握中，学校教育才能准确定位改革方向，人才培养才能真正取得应有成效。

　　回溯新世纪以来的世界各国教育改革和人才培养，可以清晰地发现，21世纪以来，世界主要国际组织以及多个国家和地区均实施或提出了适应21世纪知识社会的人才能力框架，描述了21世纪学习者应该具备的关键能力或核心素养[②]。其中，几乎所有的框架都将全球胜任力（Global Competency，也译作"全球素养"，本书中对两个概念不做区分，统一称作"全球胜任力"）列为核心素养的一个重要维度[③]。培养学生适应未来社会和国际竞争与合作的全球胜任力成为国际社会教育改革和人才培养创新的又一重要增长点。

　　什么是全球胜任力？为什么要培养学生的全球胜任力？如何培养学生的全球胜任力？这是指向全球胜任力培养的教育改革、人才培养改革的关键问

　　① 胡占君 . 准确把握人才培养的根本问题 [J]. 中国高等教育, 2019（11）: 48-49.
　　② 彭正梅, 郑太年, 邓志伟 . 培养具有全球竞争力的中国人: 基础教育人才培养模式的国际比较 [J]. 全球教育展望, 2016（8）: 67-79.
　　③ 周小勇 . 全球化时代呼唤全球素养教育 [J]. 全球教育展望, 2017（9）: 25-36.

题。对于上述问题的科学理解是推动变革实践的思想基础与持久动力。

上述三个方面的问题，对于一线学校和教师而言，最为重要的或许并不是对此形成一个科学、完善的概念体系，而是要在课程与教学的实践中敏锐地察觉到这一新的人才培养理念超越以往范式的核心要义，理解基于全球胜任力培养设计与开展教学的精髓和要求。

一所学校十二年级的学生（相当于中国高中阶段的学生）正在他们的老师苏珊娜·皮尔斯的带领下开展一项特别的学习。

几周前，皮尔斯老师给学生们布置了一项作业——世界银行正给予联合国额外的资金以帮助联合国千禧年发展目标的有效达成。你们的团队是非政府组织的一部分，希望得到资助来实施一个项目，用于解决发展中国家的某项突出问题，以促进经济的发展。请你们提出一个建议，并说明为什么你们的建议能够帮助特定国家实现经济增长。说明问题的严肃性，并通过至少两个经济模型来说明你们的发展建议对于这个国家所能够产生的影响。五位学生选择了为泰国的水污染危机寻找解决办法。为了把这一问题置于真实的场景中，他们分享了有关泰国经济发展的基本指标，查询了不同季节的泰国降水情况，以了解气候变化对于不同地区水资源获得的影响。在此基础上，五位学生描述道：人类所能够获得的三分之一的清洁水源是不适合饮用的，江河湖海中存在广泛的水污染，砷、铅等重金属在水中大量存在。泰国东北地区经常出现大旱，每年有超过 10 万例的住院治疗病例是由水传播的疾病引起的。只有 29% 的人口能够获得足量的清洁水。基于上述分析，学生们以一个名叫老光村的地方为例，对这一地区的水资源建设问题提出了建议，希望政府能够为这个地区 7000 名居民提供可靠的储存、过滤以及分配饮用水的基础设施，并告知民众清洁水源的重要性以及如何存取清洁饮用水。

承担教学任务的苏珊娜·皮尔斯老师感慨道，能有机会为人类所面临的紧迫难题创建并评估解决方案，对于学生们来说，不仅意味着完成一项学校布置的任务，更能够促使他们真正将自己视作世界公民[①]。

---

① 曼西利亚，杰克逊. 全球胜任力：融入世界的技能 [M]. 赵中建，王政吉，吴敏，译. 上海：华东师范大学出版社，2020.

无独有偶,在我们的大宁国际小学,同样也在经历一场基于本土化认知的、着眼国际化视野的学生全球胜任力培养变革。

"午间70分"是学校在推动学生全球胜任力培养过程中的一种创新性做法。午间70分钟之内,学生的主要任务只有两项:进餐和开展自主活动。在这段时间内,学生必须分散到校园中的各个功能区域,自我规划、自我管理、自我体验。而教师是不能给学生布置任何其他的任务要求的,他们大多承担观察员、引导员的角色,在必要时维持秩序。学生主动提出要求时,他们也要适时给予必要的支持和协助等。以午餐为例,午餐关注的是学生在真实环境中,对于礼仪、秩序、规则的内化。学生在一年级入校时,首先就要了解学校餐厅不同区域标志的含义,同时也需要自主选择用餐类型,随机选择用餐伙伴,并在用完餐后将餐具归还到指定区域。尽管此时的他们因为年龄、能力、认知的限制,还不具备解决国际性问题的能力,但是,他们依然需要在午餐活动中学会了解不同国家的就餐礼仪,需要学会尊重不同的餐饮文化,需要在就餐的实践活动中学会尊重规则、遵守礼仪、文明交往,也需要明白"一粥一饭,当思来处不易;半丝半缕,恒念物力维艰"的道理。到高年级之后,这种简单的认知会转化为国际文化理解、粮食危机化解、食品安全调研等综合性、开放性、探究性学习。

在我们看来,"午间70分"活动,既是学生展示自己的理解和行动的最真实的舞台,也是检验学生全球胜任力培养的最直接渠道。

上述两个故事,体现了学校教育环境中对于学生全球胜任力的理解与培养。实际上,全球胜任力的内涵可以回溯到联合国教科文组织(UNESCO)长期倡导的国际理解教育(Education for International Understanding)。这是一个富有根基的概念:从1925年到1974年,通过教育实现和平;从1974年到1994年,通过教育实现世界和平文化的重建。1994年,在主题为"国际理解教育的总结与展望"的联合国教科文组织国际教育局(UNESCO-IBE)第44届国际教育大会(ICE)上,与会人员共同通过了如下宣言:不忘我们教育公民的责任,承诺要依据《联合国宪章》《教科文组织组织法》《世界人权宣言》以及其他相关文件,如《儿童权利公约》和各项妇女权利公约的字面意义和精神,并依据《关于教育促进国际理解、合作与和平及教育与人权和基本自由相联系的建议》，促进和平、人权和民主；相信教育应该完善有助于尊重人权和积极维护这类权利并有助于建设一种和平与民主之文化的知识、价值观、态度和技能等。1996 年，联合国教科文组织在《教育——财富蕴藏其中》一书中明确指出："国际理解教育是世界各国在国际社会组织的倡导下，以国际理解为理念所开展的教育活动。"其目的在于增进不同文化背景、种族、宗教信仰和不同区域、国家、地区的人们之间相互了解与相互宽容；加强相互合作，以便共同处理全球社会存在的重大共同问题；促使每个人都能够通过对世界的进一步认识来了解自己和他人，将相互依赖变成有意识的团结互助。其相关价值观包括责任、公正、同情、关注、和解、人性、非暴力、分享、爱、和睦、平等、自由、团结、诚实、希望、容忍和仁慈 [1]。

实事求是地说，国际理解教育在时代大发展大变革的关键时期具有深刻影响。加强国际理解教育，可以说是建设人类命运共同体的思想基础、文化基础和情感基础 [2]。高度重视国际理解理念的传播以及进一步推动国际理解教育的实施与发展已然成为在核心素养时代背景下促进我国教育发展的必然趋势。我国 2010 年出台的《国家中长期教育改革和发展规划纲要（2010—2020 年）》便明确提出要加强国际理解教育。2016 年，国际理解进一步被界定为促进我国学生发展的核心素养之一 [3]。此后，教育部于 2018 年公布的《普通高中课程方案（2017 版）》中更是要求学生尊重和理解文化的多样性，具有开放意识和国际视野，并以此作为学生的培养目标 [4]。

然而，面对当前国家冲突、贸易冲突、领土争端频发的情况，国际理解教育的倡导价值也诱发人们的不断质疑，是否真的仅以国际理解为基础，就能实现世界和平的美好愿景？显然并非如此。一方面，人的认知与行为之间存在一定差异，在理念上形成了国际理解，但在行动上未必就能够按照国际理解的通行规则开展行动；另一方面，更为重要的是，认知不能代替行动，达成国际

---

① 赫栋峰，梁珊 . 国际理解教育的结构与重心 [J]. 外国教育研究，2009（4）：16-20.

② 瞿振元 . 做好新时代教育对外开放 [N]. 中国教育报，2018-04-10（1）.

③ 林崇德 . 构建中国化的学生发展核心素养 [J]. 北京师范大学学报（社会科学版），2017（1）：66-73.

④ 熊梅，王敏 . 国际理解教育：联合国教科文组织倡导之回顾与展望 [J]. 外国教育研究，2018（12）：112-122.

理解，促进国际共性问题的解决，更多时候需要的是解决问题的实际办法。因此，如果说国际理解是人类社会在从 20 世纪向 21 世纪过渡进程中的一种教育决心，那么全球胜任力的培养则是将这种教育决心转化为解决实际问题的拓展和延伸，也就是说，相比较于国际理解教育，学生全球胜任力的培养更加注重在真实或者虚拟真实的环境中学生创造性解决实际问题的能力，它更加强调问题的解决，强调学生创新实践精神的培育。因此，全球胜任力的培养既与学生国际理解教育理念一脉相承，又在实践维度进行了目标和要求上的深化，故此应成为当下教育改革发展的重要理念，成为创新人才培养的重要方式。

不论是基于当今社会的发展，还是基于教育对于人才培养的需求，学生的国际理解意识和全球胜任力提升都必须得到高度重视，正如帕布罗·卡萨尔斯（Pablo Casals）所说的"我们应将全人类视为一棵树，而我们自己就是一片树叶。离开这棵树，离开他人，我们无法生存"[1]，只有将全球利益视为共同利益，整个世界在未来才有可能更好地生存与发展。

教育改革的核心价值在于生成具有本土性、实践性的成果。从根本上说，不论是国际理解教育，还是学生全球胜任力的培养，都属于教育改革的国际经验，引入国内教育改革和人才培养的实践之中还需要经过本土化的转化。自舶来的教育学来到中国始，本土化问题就成为中国教育学研究的重要课题。近年来，随着中国教育学者在国际刊物上发表学术论文数量的增多，中国教育学似乎已经走向世界，进入了真正的本土化研究时代。然而，从发表的学术论文的内容来看，研究更多只能算作异域理论指导下的优秀"习作"，中国教育学研究的"路径依赖"没有改观[2]。同时，近年来，随着西方一些"经典"与"新经典"教育论著以及作为教育思想之支撑的其他人文社会学科的一些"经典"与"新经典"学术论著越来越多地被介绍与翻译至国内，国内教育学界尤其是在一些青年学人中出现了对于这些论著的一种"尊奉热"[3]。这种"尊奉热"不仅表现在

---

① Baker，C M. Education for International Understanding and Global Competence[R]. New York：Carnegie Corporation of New York，2000.

② 安富海 . 中国教育学本土化研究的困境及超越 [J]. 教育研究，2019（4）：50-57.

③ 吴康宁 . "有意义"的教育思想从何而来——由教育界"尊奉"西方话语体系现象引发的思考 [J]. 教育研究，2004（5）：19-23.

学者们对西方学者概念和观点的大量引用，也较为集中地表现在对西方教育事件、人物的强烈研究兴趣[①]，这样的一种研究取向和路径选择，尽管在一定程度上有助于对国际教育改革经验的系统吸收和借鉴，但是却不利于生成具有本土价值的研究成果，不能够直接作用于改善教育教学的行为。从这个角度出发，作为基础教育的一线学校，在倡导全球胜任力培养的当今时代背景下，最为重要的就是要在广泛学习和借鉴优秀经验的基础上，主动思考和探索，立足实际建构具有本土化甚至校本性特征的学生全球胜任力培养模型，并通过课程、教学、评价、管理、师资等领域的系统联动，探索形成具有本土化特征的学生全球胜任力培养路径，让我们新时代的人才培养既能够有效对接国际社会的通行法则，也能够真正体现民族特色、区域特色和学校特色。

---

① 刘涛. 我国教育思想研究的现状与展望——基于对核心期刊文献的计量分析 [J]. 华东师范大学学报（教育科学版），2015（2）：10-16.

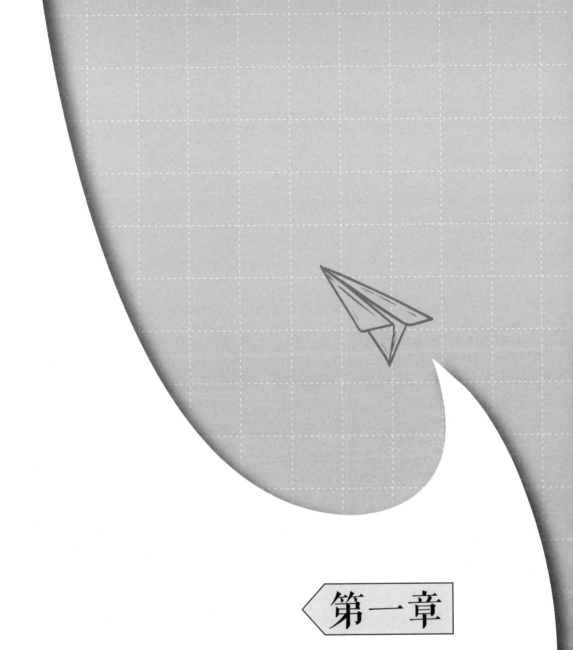

第一章

在融入世界中奠基未来：
学生全球胜任力培养的时代视野

改革是教育生存和发展的常态。《国家中长期教育改革和发展规划纲要（2010—2020 年）》明确指出，教育发展的根本方式是改革，改革创新是教育发展的根本动力。只有对教育重要领域和关键环节加大改革力度和速度，才能真正促进人才的创新[①]。任何领域的教育改革都不是随机的、无序的，都有着其普适性的逻辑前提：教育改革是解决教育问题和实现教育理想的一种人为设计。教育改革过程中政治性、社会性、经济性与教育性交织，非线性、复杂性、不确定性和易错性、矛盾性、冲突性、斗争性混合。认识与实践、主观与客观、理性与情感、主动与被动等范畴贯穿于教育改革发动与实施的全过程[②]。因此，教育改革本质上是一种基于问题的、有意识的、复杂的社会行为，对待任何层面的教育改革，都应该以深入细致的思考和设计为前提，都需要对改革的背景、理念、问题、历史等形成全面的把握，只有如此才能在更高的层面上形成对改革的全面认识和科学理解。从这个角度出发，推动以全球胜任力培养为向度的人才培养体系改革，首要的任务是对全球胜任力研究的宏观背景、理论体系和研究历史进行阐释，这是整个改革的认知基础和逻辑前提。

---

① 曾令英 . 基础教育改革实践的价值导向与追问 [J]. 中国教育学刊, 2015（10）: 37-40.

② 周作宇 . 教育改革的逻辑：主体意图与行动路线 [J]. 北京师范大学学报（社会科学版），2020（1）: 5-29.

第一节
学生全球胜任力培养的研究背景

任何层面的教育改革都发生在一定的时空环境之中，都需要在与时代发展、区域经济社会发展和学校个体发展的动态交互中存在和生长，都需要在这种多元主体发展态势的相互促进中实现其价值。培养学生的全球胜任力，不是心血来潮的盲目设计，而是基于对当今时代人才培养特征的全面分析，对区域经济社会发展、教育改革趋势的深刻理解以及对学校课程教学改革历史与现实的系统回顾基础上所做出的理性判断和正确选择。

一、基于对时代人才培养导向的理解

回顾近代以来的人类社会发展历史，社会的每一次变革和飞跃都与教育改革发展息息相关。通过教育变革提升人才培养质量，进而为经济社会各领域发展提供厚实的人力资源支持，这已经成为世界各国经济社会发展的共性认识和普遍规律。当前，中国正在步入后工业化时代，同时，新科技革命和产业变革蓄势待发，创新成为引领经济社会发展的第一动力。人才作为创新活动的核心要素，成为赢得国际竞争优势的战略资源，要建设世界科技强国，实现国家富强、民族复兴，人才培养起着重要的基础性作用[①]。当前对于人才培养的改革探索，更多地集中于高等教育领域，但实际上人才的培养是一个循序渐进的过程，只有贯通各个教育阶段，联通不同教育领域，才能真正构筑起高质量人才培养的完整体系。特别是对于基础教育阶段而言，这一阶段的教育承担着个体生命成长与发展的重要奠基作用，如何着眼于时代发展的需求，充分考虑小学生的成长特点和学习规律，通过人才培养理念与方式的持续性创

[①] 赵兰香，王芳，姚萌. 中国人才培养急需"双重转型"[J]. 中国科学院院刊，2019，34（5）：532–541.

新，为学生的全面发展和终身成长打好基础，这不仅事关基础教育改革的成败，也事关"教育强国""人才强国"理念的落实。纵观当今时代的社会发展，对于人才培养呈现出三个方面的重要导向。

（一）突出"立德树人"导向

道德是人的生命之本。中华民族自古就有"三不朽"之说，即"立德""立功""立言"。"立德"之所以被摆在首要位置，就是因为无论什么时候，做人都是安身立命、为人处世、建功立业的基础。因此，"立德树人"不仅是历代教育家大力倡导的理念，也应该成为当下教育改革和人才培养的核心导向。

党的十八大报告指出，"教育是民族振兴和社会进步的基石"，要"全面贯彻党的教育方针，坚持教育为社会主义现代化建设服务、为人民服务，把立德树人作为教育的根本任务，培养德智体美全面发展的社会主义建设者和接班人"。这意味着，学校不仅要传授知识、培养能力，还必须切实把社会主义核心价值体系融入教育全过程，并转化为学生的自觉追求[1]，要真真切切地把学生道德的培养作为教育活动最为根本的价值取向。

近年来，习近平总书记就教育问题发表了系列重要讲话，提出了系列新思想新观点，形成了以"九个坚持"为标志的教育思想体系，涵盖教育战略定位论、教育战略功能论、教育改革向度论、教育实践系统论等，诠释了教育优先发展的战略定位、立德树人的根本任务、教育改革的"四维"向度，厘清了学校、教师、学生的互动生态，内蕴了人民享受更好更公平教育的共享型品格，是新时代中国特色社会主义教育的根本遵循和行动指南[2]。在这一思想体系中，对于教育立德树人根本任务的论述是贯穿其中的核心思想。

2016年9月9日，习近平总书记在视察北京八一学校时指出，基础教育是立德树人的事业，要旗帜鲜明地加强思想政治教育、品德教育，加强社会主义核心价值观教育，引导学生自尊自信自立自强。

2017年10月18日，在党的十九大报告中，习近平总书记专门就优先发

---

① 许武. 立德树人是教育的根本任务 [J]. 中国高等教育, 2013（1）: 63.

② 徐俊峰. 习近平教育思想体系及其理论品格 [J]. 现代教育管理, 2019（1）: 8–15.

展教育事业进行了论述。强调要全面贯彻党的教育方针，落实立德树人根本任务，发展素质教育，推进教育公平，培养德智体美全面发展的社会主义建设者和接班人，特别指出，要努力让每个孩子都能享有公平而有质量的教育。

2018 年 5 月 2 日，在与北京大学师生进行座谈时，习近平总书记指出，要把立德树人的成效作为检验学校一切工作的根本标准，真正做到以文化人、以德育人，不断提高学生思想水平、政治觉悟、道德品质、文化素养，做到明大德、守公德、严私德。要把立德树人内化到大学建设和管理各领域、各方面、各环节，做到以树人为核心，以立德为根本。

2018 年 9 月 10 日，在全国教育大会上，习近平总书记强调，要在党的坚强领导下，全面贯彻党的教育方针，坚持马克思主义指导地位，坚持中国特色社会主义教育发展道路，坚持社会主义办学方向，立足基本国情，遵循教育规律，坚持改革创新，以凝聚人心、完善人格、开发人力、培育人才、造福人民为工作目标，培养德智体美劳全面发展的社会主义建设者和接班人，加快推进教育现代化、建设教育强国、办好人民满意的教育。总书记特别强调，要把立德树人融入思想道德教育、文化知识教育、社会实践教育各环节，贯穿基础教育、职业教育、高等教育各领域，学科体系、教学体系、教材体系、管理体系要围绕这个目标来设计，教师要围绕这个目标来教，学生要围绕这个目标来学。凡是不利于实现这个目标的做法都要坚决改过来[①]。

从教育改革发展的历史脉络看，对于"立德树人"的明确表述尽管是近年来才正式出现的，但是"立德树人"的思想和实践却始终伴随着人才培养的全过程。"立德"即树立德业，强调要有所"立"。有所"立"就必须有所行动、有所实践，不能停留在口头，这也是"德"本身的应有之义。同时，行动之后还要有成效、有成就，要对国家、对他人有所贡献。在现代社会，光讲"立德"，可以塑造出一个好人，但还不足以培养社会发展所急需的合格建设者。所以，还需要"树人"，树立德才兼备之人、和谐发展之人。这就像一棵树苗，要想长

① 吴晶，胡浩．习近平在全国教育大会上强调 坚持中国特色社会主义教育发展道路 培养德智体美劳全面发展的社会主义建设者和接班人 习近平代表党中央向全国广大教师和教育工作者致以节日的热烈祝贺和诚挚问候 李克强讲话 汪洋王沪宁赵乐际韩正出席 [N/OL].（2018-09-10）[2020-09-24]. http://www.moe.gov.cn/jyb_xwfb/s6052/moe_838/201809/t20180910_348145.html.

成参天大树，不仅要有发达的根系、主干，还要有结构合理的枝权以及足够茂盛的叶子，以便接受阳光。我们的教育要想培养出能够真正立足于社会的人才，就不仅要"立"其德，使其根正，还要"树"其人，构筑起合理的知识能力框架，使其具备在某一专业领域胜任某项工作的素质和能力。

回归到教育改革发展和人才培养的实践，"立德"强调的是人之为人的根本，"树人"强调的是人才培养目标的全面性，将两者结合在一起，才能形成符合现代社会需求的人才培养目标体系。这一体系的内在逻辑可以概括为："树人为本，立德为先。"教育的根本是要树人，欲树人先立德，树人要以立德为基础，而立德又会促进树人。立德树人所要培养的应该是德才兼备、和谐发展的人，但这并不等于说要面面俱到，而是有层次、有侧重、有区别[1]。对于学校而言，真正将"立德树人"的根本理念落到实处，核心的工作有两个：其一，要重视对学生道德的培养，提升学校德育的有效性，充分发挥学科、课程、教师、文化等多维主题的道德教育价值，建构"三全育人"的有效体系，让德育渗透到学校教学、管理、服务的方方面面，为学生有道德的成长提供良好的外部环境和支持；其二，要在立德树人的宏观视角下重新审视学校的人才培养目标、定位和特色，在"立德"的基础上打造富有学校特色的"树人"理念与路径，赋予学生适应未来社会发展的良好能力和素养，打造具有学校特质的人才培养体系。从这个角度出发，我们开展学生全球胜任力的培养，一方面在人才培养模型的设计中主动将"道德"的元素融入其中，倡导"道德作为一切能力与素养之基础"的核心价值；另一方面，在强调道德的基础上，融入对未来社会、全球竞争、信息时代等元素的思考，改革学校原有的课程、教学和评价理念，着重培养学生适应全球竞争的能力与素养。这实际上就是对"立德树人"教育根本任务的个性化理解与表达，是学校有效落实"立德树人"的重要举措。

（二）突出"核心素养"导向

21 世纪以来，随着知识经济、全球化和信息时代的到来，人们的生活、工作和学习方式不断改变。在日趋复杂的时代，只有明确新世纪要"培养什么样

---

[1] 刘娜，杨士泰.立德树人理念的历史渊源与内涵 [J].教育评论，2014（5）：141-143.

的人"，即学生需要具备怎样的品质，国家才能在教育领域开展适当的教育教学变革，培养能应对新世纪挑战的人才，从而促进国家竞争力的提升、实现社会的整体发展和进步。这是全球面临的共同挑战，也是广为当前许多国家与地区、国际组织热议的主题。正是在这样的背景下，核心素养的概念应运而生，教育领域掀起了基于核心素养的变革。

从文献看，虽然"核心素养"这一概念的专门提法是比较新颖的，但是核心素养蕴含的思想却由来已久。核心素养概念的演变与人类进步和社会发展密切相关，是社会生产力与生产方式发展变化的产物。从古至今，不同时代的思想家及学者们都曾经围绕人应该具备的"核心素养"进行过深入而全面的讨论，反映的都是当时社会发展的需求，是当时的人们就"教育应培养什么样的人"这一问题给出的答案。在以农业经济形态为主导的古代社会背景下，人才的培养重视道德品性；在以工业经济形态为主导的现代社会背景下，人才的培养重视能力本位；而在以信息经济、低碳经济等经济形态为主导的当代社会背景下，人才的培养则需要重视核心素养。强调"核心素养"才是培养能自我实现与社会和谐发展的高素质国民与世界公民的基础，它反映了当今时代社会发展的需求。

核心素养为当代世界所普遍重视，是各国际组织与政府在进行教育改革与课程改革时密切关注的热点。虽然各国际组织与政府在"核心素养"的具体表达方式上存在差异，但其思想是共通的，即都重视公民的关键的、必要的、重要的素养，并且都强调核心素养的获得是一个持续的、终身的学习过程。对"核心素养"的概念进行研究，对核心素养与相关概念之间的关系辨析，以及对核心素养概念引领下的课程与教学变革需求的系统分析，可以帮助我们顺应当前联合国教科文组织等国际组织所倡导的教育改革的国际潮流与课程改革的世界发展趋势，了解当前世界通行的人才培养标准、规范和要求，在教育改革的大潮中更好地定位和谋划，为实现公平而有质量的教育，提升人才培养质量，促进每一个学生健康幸福全面地成长奠定基础，也持续推动教育改革发展，实现教育强国的最终价值。

全球化、现代化、信息化正在创造一个日益多样化和相互关联的知识经济时代，在机遇与挑战并存的背景下，各大国际组织从人才战略的高度相继开展并构建了核心素养的指标框架，以期回答"教育要培养什么样的人"这一重要问题。其中，最具国际影响力的经合组织（OECD，"经济合作与发展组织"的简称）、欧盟（EU，"欧洲联盟"的简称）和联合国教科文组织（UNESCO）分别构建了《成功生活和健全社会的核心素养指标框架》《终身学习核心素养：欧洲参考框架》《全球学习领域框架》三大国际组织核心素养指标框架（参见表 1-1[①]）。各框架设计了详细的核心素养维度和指标，并提出了一些可行的评价手段。

表 1-1　三大国际组织核心素养框架的指标分类

方面	维度	指标	指标描述	国际组织		
				OECD	EU	UNESCO
全面发展	品德素养	公民意识	具有行使公民权利的能力，道德判断和社会正义伦理的观念，保护权利和利益	√	√	√
		尊重与包容	尊重、接纳、理解和关爱他人，具有同情心，能够理解、尊重和包容人与事物的差异性和多样性	√	√	√
		环境意识与可持续发展思维	能够关心、理解自然与生态环境，具有可持续发展的未来观，理解未来社会是建立在生态、经济、社会文化可持续发展基础上的，具有环保与节约精神			√
	学习素养	数学素养	能够理解数学概念，运用数学知识和数学思维解决日常生活中的各种问题	√	√	√

---

① 林崇德. 21 世纪学生发展核心素养研究 [M]. 北京：北京师范大学出版社，2016.

（续表）

方面	维度	指标	指标描述	国际组织		
				OECD	EU	UNESCO
全面发展	学习素养	科学素养	具有科学精神，掌握科学知识，运用科学知识，确定问题和做出具有证据的结论	√	√	√
		母语能力	通过听、说、读、写等形式，运用母语进行理解、表达、解释、互动等方面的能力，尤其是语言综合运用能力	√	√	√
		外语能力	有效地运用外语进行交流、阅读和写作的能力	√	√	√
		学会学习	个人根据自身需要独立或与小组合作开展和组织自身学习的能力以及方法与机会意识	√	√	√
	身心素养	身体健康	具有健康的生活态度、生活方式和行为习惯，保持身体健康发展。具有安全意识，爱护自己			√
		心理健康（自我管理）	自尊自爱，积极主动，能够恰当地管理自己的情绪和行为，养成自律、自省的习惯。能够坚强面对挫折，具有积极的情感体验	√	√	√
	审美素养	审美素养	能欣赏与享受艺术作品及表演，并借助与个人天赋相一致的手段来表现自己的艺术才华，愿意通过艺术上的自我表达和对文化生活的持续兴趣来培养审美能力		√	√

（续表）

方面	维度	指标	指标描述	国际组织		
				OECD	EU	UNESCO
21世纪素养	非认知品质	沟通与交流能力	能够有效地与他人进行沟通与交流，与他人建立良好的关系	√	√	√
		团队合作能力	能够与团队合作以完成共同目标，能够有效地管理与解决冲突	√	√	√
		国际意识与全球化思维	能够积极理解和欣赏世界各地的历史文化；能够以开放的、多维的思维方式看待世界，具有全球视野		√	
	认知品质	问题解决能力	合理地思考和分析问题，有效地按照问题解决步骤处理和解决问题	√	√	√
		计划、组织与实施能力	在复杂的大环境中，基于目标进行规划与组织，并严格执行	√	√	
		批判性思维	能够对各种问题、现象等进行反思和质疑，发现问题所在，具有批判精神和批判技能	√	√	√
		创新素养	具有主动进取的探索精神和好奇心，能够提出和实施新的想法，具有创新和冒险精神	√	√	√
		信息素养	能够运用信息通信技术有效地获取信息、分析评估信息、应用信息等方面的能力；遵循信息获取和使用的道德或法律规范	√	√	√

梳理三大国际组织核心素养框架体系的具体指标，可以发现，对于全球胜任力的培养是不同国际组织中的共识，如所有的核心素养框架中都要求培养学习者有效地运用外语进行交流、阅读和写作的能力；要求学习者尊重、接纳、理解和关爱他人，具有同情心，能够理解、尊重和包容人与事物的差异性和多样性；要求学习者能够与团队合作以完成共同目标，能够有效地管理与解决冲突；要求学习者能够积极理解和欣赏世界各地的历史文化，能够以开放的、多维的思维方式看待世界，具有全球视野。不仅如此，从世界主要教育发达国家和地区建构的核心素养框架体系看，也大都含有"能在异质社会团体中互动"的指标要求，如美国的核心素养体系要求未来的人才具备人际技能，会与他人合作，能够引导他人，能够解决国际性冲突并协商相关问题；英国的核心素养体系要求学生掌握人际沟通的技巧，学会与他人合作；德国的核心素养体系要求学生具有国际合作能力，掌握交流沟通的能力和领导能力。

2016年9月13日上午，中国学生发展核心素养研究成果发布会在北京师范大学举行。北京师范大学校长董奇、教育部基础教育二司副司长申继亮出席会议并致辞。来自教育学界和心理学界的知名专家学者、教育行政部门人员和一线教育工作者代表等参加了会议。

中国学生发展核心素养以培养"全面发展的人"为核心，分为文化基础、自主发展、社会参与三个方面，综合表现为人文底蕴、科学精神、学会学习、健康生活、责任担当、实践创新等六大素养，具体细化为国家认同等18个基本要点。各素养之间相互联系、相互补充、相互促进，在不同情境中整体发挥作用。其中在社会参与方面，中国学生核心素养体系特别设计了"国际理解"层面的要求，希望学生能具有全球意识和开放的心态，了解人类文明进程和世界发展动态；能尊重世界多元文化的多样性和差异性，积极参与跨文化交流；关注人类面临的全球性挑战，理解人类命运共同体的内涵与价值等。由此，不论是基于国际社会、组织和教育发达国家与地区的教育改革发展趋势，还是基于我国学生核心素养体系的建构与实践，都有必要关注学生的全球胜任力，这是落实核心素养导向的人才培养理念的重要途径，也是当前人才培养亟须关注的热点问题。

（三）突出"国际治理"导向

当今世界面临百年未有之大变局，逆全球化思潮、单边主义、贸易保护主义愈演愈烈，多边贸易体制受到严重冲击，加强全球治理、推进全球治理体系变革已是大势所趋。作为现行全球治理体系的参与者、建设者和贡献者，中国在引领全球治理体系变革、推动国际经济秩序朝着更加公正合理方向发展方面发挥着越来越重要的作用。特别是党的十八大以来，我国先后提出"一带一路"倡议、"共商共建共享"理念、新型国际关系和构建"人类命运共同体"思想，为加强全球治理、改革完善全球治理体系，不断提供中国智慧、贡献中国力量，赢得国际社会的高度认可和尊重，国际社会越来越希望中国在地区和国际事务中发挥更大的作用。

顺应中国国际地位和国际影响力不断提升的大势，我国对国际治理人才的需求日渐凸显，与此相伴的一些问题也开始显露，围绕这一导向开展教育变革和人才培养创新成为一种重要的思路。

习近平总书记在不同场合多次强调我国要加强对全球治理的理论研究，高度重视全球治理方面的人才培养工作。2015年10月，习近平总书记在十八届中共中央政治局第二十七次集体学习时指出，随着全球性挑战增多，加强全球治理、推进全球治理体制变革已是大势所趋。这不仅事关应对各种全球性挑战，而且事关给国际秩序和国际体系定规则、定方向；不仅事关对发展制高点的争夺，而且事关各国在国际秩序和国际体系长远制度性安排中的地位和作用。要加强能力建设和战略投入，加强对全球治理的理论研究，高度重视全球治理方面的人才培养。

2016年9月，在我国成功举办G20杭州峰会以后，习近平总书记于9月27日下午，在第十八届中共中央政治局就二十国集团领导人峰会和全球治理体系变革进行集体学习时再次强调，要提高我国参与全球治理的能力，着力增强规则制定能力、议程设置能力、舆论宣传能力、统筹协调能力。参与全球治理需要一大批熟悉党和国家方针政策、了解我国国情、具有全球视野、熟练运用外语、通晓国际规则、精通国际谈判的专业人才。要加强全球治理人才队伍建设，突破人才瓶颈，做好人才储备，为我国参与全球治理提供有力人才支撑。

　　在 2018 年 9 月召开的全国教育大会上，习近平总书记进一步明确指出，要大力培养掌握党和国家方针政策、具有全球视野、通晓国际规则、熟练运用外语、精通中外谈判和沟通的国际化人才，有针对性地培养"一带一路"等对外战略急需的懂外语的各类专业技术和管理人才，有计划地培养选拔优秀人才到国际组织任职。

　　从当前世界教育改革发展的趋势看，推行教育的国际化发展战略，提升教育的国际竞争力已经成为各国应对全球治理人才培养需求的共性举措。"国际化"一词描述了当代各国在经济、文化、教育和社会发展的多个领域出现的一些新的现象，如国与国之间相互依赖、相同行业的发展深度交融、国际联系和交往日益密切，等等。这些现象在基础教育领域越来越多，由此带来了近年来备受关注的基础教育国际化问题①。在这一进程中，人们越来越发现，培养通晓国际规则，能够参与国际竞争与事务的国际化人才不仅仅是高等教育的工作，基础教育也要发挥重要的奠基性作用。从这个角度出发，我们认为，在全球化浪潮中，中国教育应当具有"世界性"意识，把握一些必备的"世界性规则"，以便加入国际化大趋势②。随着全球化进程日益加快，各国从全球化获益的同时，也带来全球性问题，如何创造性地解决不断升级的全球性问题，便形成了全球胜任力的素养要求。同时，随着中国"一带一路""人类命运共同体"等概念的提出，中国的世界和平发展之路有着自身独特的价值判断和战略路线。我们培养的全球胜任力，是以社会主义核心价值观为基础，以"更高远的历史站位、更宽广的国际视野、更深邃的战略眼光"来深化探索中国特色社会主义教育的历史使命和迫切要求。

二、基于对区域教育改革趋势的把握

　　教育改革是一种复杂的现象——是理念、政策、体制结构、历史和文化的大杂烩③，换言之，教育改革作为一种复杂的社会改革现象，会受到理念、政

---

① 杨明全.基础教育国际化：背景、概念与实践策略 [J].全球教育展望，2019（2）：55–63.
② 高瑜.基础教育国际化方向探明 [J].教育理论与实践，2015（17）：9–11.
③ 莱文.教育改革——从启动到成果 [M].项贤明，洪成文，译.北京：教育科学出版社，2004.

策、体制、历史和文化等许多社会因素的影响。这也就意味着，在教育改革发展的过程中，"放之四海而皆准"的教育改革模式往往是不存在的，要充分考虑不同地区、不同学校的实际情况，因地制宜地设计教育改革的理念与路径，有的放矢地推动本地区、本学校的教育质量和人才培养质量。在这样的理念导向下，近年来，区域教育改革越来越成为一种流行的教育变革范式。

区域是一个空间概念，从空间单位的属性及视角出发研究教育现象及问题，是区域教育学得以建设的基础。区域在政治、经济、文化、教育等领域具有均质性、聚合性等特征。区域间经济、社会、文化、人口等的区际性与差异性特征，在某种程度上决定了教育改革不能搞"一刀切"的模式。区域教育改革模式的选择，更要科学地结合区域经济、社会、文化、人口的实际发展状况，充分体现区域自身的特征。区域教育改革是国家宏观教育改革与微观的学校教育改革之间的中介，是与区域整体发展相契合的一种相对独立的教育发展形态[1]，具有系统性、复杂性、自组织性等特征[2]，能够产生具有实践价值、样本价值的研究成果，快速有效地推动区域经济社会发展。

对于学校而言，它的生成、发展必然立足于一定的区域空间，它在教育改革、人才培养上的理念和举措必须与区域经济社会发展的现实需求和总体规划相辅相成。

我们学校地处上海市中心城区静安区，周边与 6 个区相邻，历史文脉悠久、城市环境优美、商业商务发达、创新活力迸发、信息交通便捷，是上海对外交流的重要窗口。静安区教育资源丰富，成功教育、后茶馆式教育、愉快教育、创造教育、低结构活动探索、游戏教育、社区教育等品牌在全国享有较高知名度。静安区拥有多项基础教育国家级教学成果一等奖，先后产生了两位上海市教育功臣、一大批中小学正高级教师和上海市教书育人楷模（含提名奖），曾获得"全国幼儿教育先进区""全国双基教育先进区""全国特殊教育先进区""全国社区教育示范区""全国活动课程教学实验区""全国信息技术教育实验区"等荣誉称号。静安教育正以实现更高品质的教育国际化、更高水平的教育现代

---

① 刘贵华，王小飞，祝新宇 . 论区域教育综合改革模式 [J]. 教育研究，2009（12）：69-74.

② 徐金海 . 区域教育改革的内涵、特征及实践策略探析 [J]. 天津师范大学学报（基础教育版），2015（3）：9-13.

化为目标，建设优质教育集聚区，打造高端学校品牌群，构建未来教育示范体。

回溯近年来的静安教育改革与发展，适应城市国际化发展方向，培养具有全球胜任力的学生始终是一个重要的改革向度。《静安区教育事业改革与发展"十三五"规划》指出，"十三五"时期，是上海加快建设"四个中心"和社会主义现代化国际大都市的重要时期，也是新静安把握机遇建设"国际静安，圆梦福地"的关键期，更是静安教育建设"中国特色"现代教育，全面深化教育综合改革，促进教育内涵发展，激发人生命活力的重要时期。"十三五"时期，静安教育立足"撤二建一"区情实际，打造与国际静安相匹配的现代教育；聚焦课堂领域，注重资源融合，重视教育改革，不断探索未来教育的特征，构筑内涵更加丰富的精品教育体系，搭建有内涵、有结构的教育国际化形态，形成市民满意的优质均衡教育格局，实现更高水平的教育现代化。在"十三五"期间教育发展目标的厘定中，静安特别强调要搭建有内涵、有结构的教育国际化形态，不仅要引进国际学校、国际课程，办国际班等，更要注重对人的培养，培养具备国际视野、本土情怀、文化自信和文化自觉的现代学生[①]。

从学校的实际情况看，一方面，在近年来的办学实践中，我们深刻感受到，新静安作为上海发达城区的重要特征之一是国际化和多元化融合，以学校发展十几年来的趋势为例，境外家庭、新上海人家庭的学生不断融入和共同学习，成为学校生源结构的重要特点。如何引导学生尊重并理解不同文化背景，促进交流和合作，已然成为学生当下发展的重要命题。另一方面，学校作为上海市的一所知名优质学校，也是静安区基础教育国际化探索的窗口学校，理应在教育国际化发展的实践中勇于探索，积累经验。近两年来，学校承担了多项市、区级层面的研究课题和研究项目，致力于探索发达城区小学生全球胜任力的实践探索，并试图以此为引领，通过对学校原有人才培养理念与模式的再设计、再挖掘，形成全球胜任力培养的大宁国际小学模式，提炼面向未来的国际化人才培养的静安经验，在区域教育变革的实践中贡献学校智慧。

---

① 上海市静安区人民政府办公室. 上海市静安区人民政府办公室关于转发区教育局《静安区教育事业改革与发展"十三五"规划》的通知：静府办发 [2017]5 号 [A/OL].（2017-01-23）[2020-09-23]. http://www.jingan.gov.cn/xxgk/016002/016002002/20170207/f8a52555-ea65-40f4-b693-f32bfb79a501.html.

三、基于对学校内涵发展实践的分析

上海市大宁国际小学建立于 2007 年，是一所政府支持下的公办小学，同时招收境外学生。至 2019 学年，学校有 54 个班级，近 2000 名学生，其中，境外学生 100 余人，分别来自美国、澳大利亚、日本、柬埔寨等国家，以及中国香港特别行政区和中国台湾地区。学校现有在编教师近 200 人，平均年龄 29 岁，其中特级校长 1 人，特级教师 1 人，中学高级教师 13 人，区学科带头人 11 人（次）。学校以"大宁国际，微笑每一天"为办学理念，以"国际化""艺术化""个性化"为办学特质，力求打造一所"轻负担、高效能，融合多种教育资源优势，凸显国际元素的现代学校"，并致力于将学生培养成为身心健康、富有爱心、勤学好问、能负责任，具有国际视野、民族精神和领袖气质的现代小公民。

学校结合办学实际，提出了以微笑为核心理念的 SID 课程体系，确立了"地球村""语言""数学""科学与技术""体育与健康""艺术与创意"和"综合实践"七大课程学习领域。学校倡导新型课堂文化，引导教师关注良好师生关系的构建，关注学生良好学习、生活习惯养成，以及问题解决能力与思维品质的提高。学校还创新学生评价，开展以争章累积为手段，基于"微笑存折"的学生综合评价实践研究。从礼仪、习得、参与、活动、强者五个方面对学生个体和团队的发展与进步进行考察，激励学生在享受与团队共同成长的过程中获得自己全面、和谐的发展，获得自我个性潜能的张扬。学校还注重开放办学，建立了"社区—家庭—学校"三位一体的学校教育议事委员会，并不断优化三级家委会职能，推出轮值家长制，充分发挥家庭、社区在学校运作中的监督作用。多年的实践与努力换来了学校教育国际化推进的良好口碑。学校先后获得"全国教育系统巾帼文明示范岗""教育部骨干教师实训基地""上海市文明单位""上海市行为规范示范校""上海市体育工作先进学校""上海市教委教研室教育综合改革基地学校""上海市教师专业发展学校暨见习期教师规范化培训基地学校""上海市家庭教育指导示范校""上海市第二（三）轮课程领导力项目学校"等荣誉称号。

"十三五"期间，静安区教育局承担教育部重点课题"深化教育个性化：发达城区提升学生核心素养的实践性循证研究"，并确立全球胜任力、幸福力和坚毅力作为区本化核心素养的具体表达，开展了实践研究。学校在区教育局的统一协调和指引下，确立子课题"为全球胜任力奠基——新时代小学生核心素养培育下的本土路径与循证实践"，全面探索小学阶段为学生全球胜任力奠基的教育改革行动研究。

一、选题依据

（一）研究缘起

提升学生核心素养是深化教育改革、落实国家战略的使命任务。作为21世纪人才核心素养的重要指标之一，全球胜任力培育必将成为人才强国战略的重要引擎。如何在新时代背景下，基于小学生年段特征，做好全球胜任力培育的系统性奠基工作，这是所有小学，特别是发达地区小学需要直面并探索的新课题。

学校作为沿海发达地区中心城区大型集团化公办小学，多年来在培育文化根基、夯实语言基础、提升思维品质、融入国际视野等方面积淀了一定的实践经验，但对于全球胜任力培育的本土路径设计和创造性实施还需要拓展深化，特别是在形成和丰富有证据支撑的系统经验方面亟待开拓与推进。

（二）核心概念与研究要点

参考OECD对全球胜任力的定义及评估框架，结合中国学生发展核心素养的基本内涵，依据小学生年段特征以及学校特色，本课题拟从以下几方面对全球胜任力培育重点关注：国家文化的自信力和多视角的文化理解力；尊重开放的态度和主动参与社会事务的意识；沟通和合作能力；批判性思维和信息素养。基于内涵理解和内容重点，本课题关于新时代小学生核心素养的培育，将从指向小学生全球胜任力的校本模型构建、实施路径设计、保障机制等方面加以研究。

（三）国内外相关研究的学术史梳理及研究动态

1. 世界范围内已对"全球胜任力"达成高度共识

全球化趋势带来经济、政治及文化上的各种挑战。1988 年，美国国际教育交流协会发表《为全球胜任力而教：美国的未来通行证》报告，首次提出"全球胜任力"概念。世界多个国家及主要国际组织均提出适应 21 世纪知识社会的人才培养框架，全球胜任力成为 21 世纪人才核心素养的重要指标。

OECD 在其发布的阶段性工作文件《为了一个包容世界的全球胜任力》中将全球胜任力定义为"从多个角度批判地分析全球和跨文化议题的能力，理解差异是如何影响观念判断，以及对自我和他人的认知的能力，在尊重人类尊严的基础上，与不同背景的人进行开放、得体、有效互动的能力"。2017 年，OECD 发布《PISA 全球胜任力框架》，为解释、发展和评估青少年的全球胜任力提供工具。美国、瑞典、挪威、芬兰、加拿大、新加坡等国家，都在教育体系中纳入与"全球胜任力"相关的教育内容。

2. "全球胜任力"培育影响国内教育改革和战略布局

党的十九大明确中国特色社会主义进入新时代，习近平总书记在报告中提出"坚持和平发展道路，推动构建人类命运共同体"，这是中华民族伟大复兴和服务全人类的使命担当，需要年轻一代提高全球意识，为之做出应有贡献。

《国家中长期教育改革和发展规划纲要（2010—2020 年）》中提出要"适应国家经济社会对外开放的要求，培养大批具有国际视野、通晓国际规则、能够参与国际事务和国际竞争的国际化人才"。首次明确提出在基础教育中要"加强国际理解教育，增进学生对不同国家、不同文化的认识和理解"。

2019 年 2 月，《中国教育现代化 2035》发布，提出到 2035 年，总体实现教育现代化，迈入教育强国行列。要实现教育现代化，就要应对全球化的创新竞争和不断加速的科技革命对教育的影响，具有全球胜任力的人才会更加具有竞争力。

2018 年 4 月，清华大学学生全球胜任力发展指导中心成立，将"全球胜任力"作为人才培养的核心目标之一。2018 年 10 月，第四届校长论坛围绕"全球胜任力与青少年发展"主题展开，从 21 世纪人才核心素养、全球胜任力、国际教育实践探索等视角探究。

3. "全球胜任力"的研究与实践在不断推进中

关于全球胜任力问题，中外教育界从理论到实践形成了一定经验和基础。

首先，一些国家和地区形成了若干纲领性文件，对全球胜任力培育起到重要引领作用。其次，逐步聚焦全球胜任力的概念诠释和指标体系。OECD 发布全球胜任力评估框架，亚洲协会把全球化能力总结为四种，并提出了"全球胜任力"的四个步骤。清华大学的学者也对全球胜任力进行了要素提炼。厘清概念便于形成不同的指标体系，从而影响全球胜任力评估。最后，在实践层面，比如美国的 VIF 国际教育机构开发了一套基础教育阶段各年级全球胜任力培养指标体系，形成"全球胜任力"教师教育课程体系。

国内部分学者也对"全球胜任力"进行了研究，其成果如《美国"全球胜任力"教师教育课程体系及其启示》等，对 PISA2018 测试内容、方式和亚洲协会报告等做了较多介绍。

对已有研究进行综合分析，我们发现，首先，"全球胜任力"研究需要从理论向实践深化。国内有关全球胜任力的研究人员多以理论学者为主，研究领域多聚焦在国外研究的评论综述，研究多侧重于宏观层面和理性分析层面，实践方面比较缺乏。其次，"全球胜任力"研究需要从高校向基础教育深化。从当前研究来看，高校起步早，国际学校着手多。而基础教育阶段对学生全球胜任力培养的探索大多局限于某些国际理解课程的开设，以及一些国际交流活动的设计，呈现零散化、短期性的特点。最后，"全球胜任力"研究需要从系统性的奠基工作入手。

当前研究缺乏基于学校整体的核心内涵梳理和评估指标架构；缺乏将全球胜任力培育融入学校的实践模式；缺乏具有可操作性的培养路径的创新探索，尤其缺乏在基础教育起始学段（小学）开展的系统性奠基工作研究。

为此，融通世界经验，基于中国文化，解读全球胜任力，解码核心要素，探索具有本土特质的全球胜任力培育的有效实践范式，是一项意义重大的掘进性工作。

二、选题意义和研究价值

（一）培育全球胜任力是新时代国家战略发展的内在要义

党的十九大明确提出"中国特色社会主义新时代"，这是面对当前全球问题加剧、世界经济发展缓慢的外部环境，面对中国经济发展进入新常态的一系列深刻变化做出的重大判断。以中国特色社会主义现代化国家建设为路径，为推动人类命运共同体的构建，解决人类发展难题贡献中国智慧和治理方案。

因此，新时代的中国发展必将承担更多的大国责任和担当，迫切需要培养更多具有全球胜任力的青少年，既要积极讲好中国故事，又要主动融入国际事务，推动合作和共同进步，为全人类福祉贡献力量。

（二）培育学生全球胜任力是教育面向未来的重要走向

2018 年 PISA 测试增加"全球胜任力"并颁布评估框架，意味着教育培育全球胜任力已经在全球范围内达成高度共识，同时也预示着对学生全球胜任力培育的关注已走出高等教育，向基础教育延伸，在中小学阶段为学生全球胜任力奠基已然成为研究与实践的必然命题。

2019 年 2 月，《中国教育现代化 2035》颁布，明确我国教育现代化的核心要求。全面落实立德树人根本任务，形成高水平人才培养体系，优化人才培育模式是新时代教育发展的责任与使命。如何扎根本土文化，以全球胜任力培育的框架要素为参考，着眼教育本身内涵发展，聚焦学生核心素养，推动课程、教学、评价、资源等教育综合改革，是面向未来深化教育现代化的重要走向。

（三）为小学生全球胜任力奠基是学生成长的现实命题

随着社会经济快速发展，多元化日益成为城市人口结构变化的重要特征。日渐增多的来自境外、新城市家庭的学生进入学校，相互成为学习伙伴；与此同时，信息科技的高速发展，也极大地扩展了学生人际交往的范围，由此带来多元文化的冲突与碰撞。尊重并理解不同背景的差异、学会沟通与合作、学会悦纳与适应多元文化等能力要求已经明显呈现低龄化的趋势。这对中小学而言，是社会发展带来的新生命题，以全球胜任力培育为探索主旨可以集中地回应这一命题。

（四）为小学生全球胜任力奠基是学校发展的价值诉求

学校是上海中心城区大型公办小学，随着社区国际化程度发展，有一百余名来自十多个国家和地区的境外学生，因向往中国基础教育而选择就读本校。因此，多元化的学生结构和教育需求，成为学校十年办学的现实背景。学校聚焦核心素养，推动教育综合改革，探索基础教育国际化，取得了一定的社会反响和实践基础。面临学校新十年发展，以新时代立德树人为根本任务，以培育"中国根基，全球责任"的全球胜任力为抓手，探索符合中国小学生核心素养培育方向的本土路径，是学校新十年发展的重要课题。

三、研究内容

（一）研究对象

本课题以学校一至五年级全体学生为主要研究对象，并依托区域及长三角地区伙伴学校对应年段学生，开展相关联动及推广应用研究。

（二）研究目标

本课题立足新时代发展背景，运用循证研究的思路，确立如下研究目标：建构小学段全球胜任力校本模型及分年级培育目标；探索并提炼小学生全球胜任力培育的本土路径与有效策略；优化与创新小学生全球胜任力培育的保障机制。

（三）总体框架

本课题坚持立德树人根本任务，以培养胜任中华民族伟大复兴为使命，承担全球责任的未来接班人为导向，以全球胜任力内涵要素为参考，遵循小学生身心发展的规律和需求，以学校课程教学与实践活动为载体，探索小学生全球胜任力培育的有效路径。从以下三个方面展开研究：

1. 小学生全球胜任力校本模型及分年级目标研究

在学习借鉴的基础上，厘清全球胜任力在 6～12 岁学生中的具体内涵和外在行为表征，开展校本化解构，提炼小学生全球胜任力的关键要素，建构校本模型和年级指标细目。

2. 小学生全球胜任力培育的路径设计研究

依据校本模型，将全球胜任力培育目标融入学校的课程教学体系中，整合创新学习内容，优化教与学的方式。

（1）路径之一：以课程资源序列建构为学生全球胜任力培育的直接通道

基于不同学科的课程内容和全球胜任力校本模型，筛选、设计凸显全球性、相关性、文化性、共同性全球议题学习的课程资源序列，建立学科知识框架和全球议题的关联。

（2）路径之二：以学习方式变革为学生全球胜任力培育的关键破解

聚焦全球胜任力培育的基本内涵，探索不同学科课堂学习的优化策略，推进跨学科主题学习和项目式学习，积极探索促进学生批判性思维发展的创新课堂。

（3）路径之三：以文化活动图谱设计延展学生全球胜任力培育的时空场域

整合与设计学生文化活动图谱，立足学生文化基础、自主发展、社会参与素养提升，创新民族文化活动、跨文化交流活动、学生品格培育活动，以及"行走的课堂"研学之旅等活动形式，研究活动培育的有效策略和路径。

（4）路径之四：以多元评价设计为学生全球胜任力培育提供行动激励

尝试引用和改造相关评估内容和方式，逐步形成便捷可行的评估方案。

3. 小学生全球胜任力培育的保障机制研究

小学生全球胜任力培育的路径设计与实施涉及课程、教学、活动、评价等多个方面，要保障路径推进的有效性，需要从机制设计上予以系统关照。

（1）创新学校组织管理机制。运用扁平化管理方式，围绕全球胜任力培育，以协作与联动提升集体智慧。

（2）提升教师指向全球胜任力培育的专业素养。开展教师全球胜任力教学技能调查与对策分析，探索基于学生全球胜任力培育的教师校本研修模式，开发与实施提升教师全球胜任力教学能力的校本培训系列。

（3）优化资源调配统整机制。创造全球胜任力培育环境，关注外部条件支持。

（4）构建家庭、社区和学校联动机制。保障学生全球胜任力培育的可持续性。

（四）研究重点、难点

研究重点：建构小学段学生全球胜任力培育的校本模型及对应细分年级指标，探索小学生全球胜任力培育的有效路径。

研究难点：小学生全球胜任力评估指标与评估方式研制，循证实践思路指导下的证据设计、收集、分析、分类与实践优化的研究路径设计与实施。

四、思路方法

（一）基本思路

本课题采用循证实践的基本思路，根据"问题—证据—分析—应用—评估—优化"的多次循环、螺旋上升的操作路径，通过基于证据的实践、反馈与改进的持续推进，不断深化完善小学生全球胜任力培育的要则与方式。同时，本课题研究实行学校总体顶层设计、子课题组有序推进、专家组加强评估与指导的多方协作机制，确保课题推进稳定有效。

（二）研究方法

本课题以循证实践作为主要指导思路。围绕小学生全球胜任力的培育，整个研究遵循"构建模型和目标—路径设计与实践—循证评估与反思—实践优化与完善"的要点，体现基于证据的循环改进历程。循证实践的关键是寻找最佳证据。鉴于教育问题的复杂性和实践特点，在小学生全球胜任力培育的循证实践中要注意：（1）技术性证据与教师专业智慧、实践经验的互补，体现教育过程的情境性和教师的专业自主性；（2）最佳证据的寻找过程是在不断实践循环的过程中逐步完成；（3）突出证据的针对性、逻辑性和可解释性。

在研究过程中还将具体运用文献研究、数据分析、行动研究、质性观察、访谈和个案研究等方法，通过文献梳理与分析，整体把握全球胜任力的内涵与要点，为建构校本培育模型确立基点；通过问卷调查与测量分析，就某些能力点的培育、检验等方面设计微实验，力求更加客观、精准地加以考察；通过行动研究，对全球胜任力培育的路径、方法，在循环改进的基础上，形成最终的优化方案；对学生在全球胜任力方面的提升、课堂实践、教师成长等，以参与式观察、深度访谈、个案追踪等方式，形成具有生态效度的典型样例。

（三）研究计划与实施步骤

第一阶段，设计建模阶段，主要研究任务：

（1）收集整理有关全球胜任力培育的情报资料；

（2）课题设计与申报、顶层设计、专家咨询以及对具体路径和突破口形成共识；

（3）初步构建全球胜任力校本模型和分级指标。

第二阶段，路径探索阶段，主要研究任务：

（1）依据初步路径成立子课题研究组群；

（2）各子课题组从课程、教学与活动等路径层面确立突破口，开展实践；

（3）初步设计符合学生过程性发展记录的全球胜任力培育评价方案和载体，并尝试应用研究。

第三阶段，循证评估阶段，主要研究任务：

（1）围绕全球胜任力培育，确立循证指标、内容和方式；

（2）针对路径探索开展循证研究，并结合证据分析，确立路径调整方案。

第四阶段，优化推进阶段，主要研究任务：

（1）根据调整方案，进一步开展优化实践研究；

（2）围绕全球胜任力培育，结合循证方案，进行跟进评估与分析。

第五阶段，系统总结阶段，主要研究任务：

围绕全球胜任力培育成果，进行全面提炼、总结和评估，完成结题。

五、创新之处

首先，本课题研究将全球胜任力培育置于新时代背景，坚持立德树人，坚持立足本土教育，探索小学段为全球胜任力奠基的有效路径，其研究思路和行动路径具有独特的视角与价值。

其次，本课题以循证实践为主要研究方式，注重基于证据的循环实证与螺旋改进，并根据教育问题的复杂度和实践性，在研究方法上做了进一步的优化与改进，为基层学校推进教师专业发展、深化基础教育改革提供了课题引领与示范。

在前后历时两年多的探索中，学校研究团队带领全体教师广泛阅读，深入研讨，扎根实践，积累经验，已经形成了具有学校特色的学生全球胜任力培养模式，总结了全球胜任力培养的本土经验，也在通过学校的实际行动践行"不忘教育初心，牢记育人使命"的责任与担当。在这一变革过程中，学校越来越深刻地感受到，全球胜任力是空间维度上对核心素养的概念性表达，它以现有课程教学体系为基础，以全球意识和跨文化融合性为特征引领，对以核心素养为目标导向的现有课程教学方式转型具有积极的补充价值。例如：主题引领的学科联动设计，有利于挖掘学科间知识和能力的互补潜能，服务学生学习；具有较强的现实性，能够增进学生课程学习与生活关系的建构；以学生自主与合作学习为重要特征的教学设计在情境设计、项目学习、新技术的支持学习等方面会有更为丰富的应用。为全球胜任力奠基的研究，能够为深化基于核心素养的教与学方式变革提供更多的思考角度和实践经验，也能够生成学校新时代内涵发展新的空间和平台。

第二节
学生全球胜任力培养的理论体系

"理论"即人们关于事物知识的理解和论述，是一个用"概念"组织起来的信息体系，可以被用来解释客观世界的现象和规律，也可以描述和预言事物发展的未来结果，得出结论，帮助人们进行决策。学生全球胜任力的培养作为一项有目的、有意识的系统性教育教学和人才培养变革，必然需要建立在一定的理论基础之上，需要建构与之相应的理论体系，形成对这些理论的基本认知，有助于把握学生全球胜任力培养的基本规律和总体要求，形成实践变革中的基本思路。

一、全球胜任力的基本概念

全球胜任力，也称作"全球素养"，是 21 世纪知识社会人才培养的重要能力。从世界范围的教育改革来看，全球胜任力是各国核心素养或关键能力的重要组成维度。自 1988 年"全球胜任力"这一概念最早在美国提出，到 2018 年 1 月经合组织（OECD）明确提出将全球胜任力作为国际学生评估项目（PISA）的组成部分，标志着全球胜任力教育的实质性进展，这必将促进各国去反思本国推进全球胜任力的路径和进程。

对于全球胜任力的概念和内涵，从不同的视角出发有不同的界定范式，也就建构起了全球胜任力的多维阐释体系。尽管众多国际组织和民族国家都将全球胜任力作为重要的维度纳入其核心素养框架，但无论是名称还是含义，并没有一个统一的说法，有些框架对这一素养的描述还比较模糊，说明全球胜任力作为新兴概念，尚未有统一的定义。早期的研究倾向于将全球胜任力看作一种思维方式或观点，因此强调培养学生的全球意识和跨文化意识[①]，后期的

[①] Hanvey R G. An Attainable Global Perspective[J].Theory Into Practice, 1982, 21（3）：162-167.

研究则更多地将全球胜任力表述为在开放环境、文化交织中解决全球性问题的实践能力。

从国内的情况看，对于全球胜任力的系统研究比较少。对于全球胜任力概念的界定，比较有代表性的有：清华大学国际教育办公室认为，全球胜任力是指在国际与多元文化环境中有效学习、工作和与人相处的能力，这一概念主要集中探讨如何培养大学生的全球胜任力；上海基础教育领域近年来对全球胜任力问题进行了持续关注，《上海教育》杂志在 2018 年专门组织了一系列稿件探讨学生全球胜任力培养问题，在杂志的卷首语中，将全球胜任力的概念界定为：所谓全球胜任力，是指个人参与全球竞争与合作的能力。随着全球化的加速，学生光了解关于世界的知识已经不够，还必须参与世界的运行，不管是主动参与，还是被动参与。

国外对于全球胜任力的研究比较系统，涵盖了从高等教育到基础教育的全部体系，阐释这一概念的视角也比较完善、多元。

由经合组织（OECD）组织的 PISA2018 测评将全球胜任力定义为：全球胜任力是指审视当地、全球和跨文化问题的能力；理解和欣赏他人的观点和世界观的能力；与来自不同文化背景的人进行开放、适宜和有效互动的能力；为集体福祉和可持续发展而行动的能力[①]。

美国自 20 世纪 80 年代开始系统开展全球胜任力研究。2012 年，全美首席州立学校官员委员会联合美国亚洲协会发布了《为全球胜任力而教：让我们的青少年为融入世界作准备》报告，提出"全球胜任力是指理解具有全球性意义的议题并有针对性地采取行动的能力和倾向"。美国世界智慧组织致力于发展"全球胜任力资格证项目"教师教育，提出全球胜任力由核心概念、技能、态度及价值观和行为组成，包括：欣赏文化差异性的能力；理解和思考多元视角的能力；具有高度的批判性和分析性的思维能力；适应不确定性和变化性的能力以及理解全球性议题复杂性的能力等[②]。

除了国家、国际组织、政府机构之外，一些著名学者也对全球胜任力的概

① 经济合作与发展组织 亚洲协会．为全球胜任力而教——在快速变革的世界培养全球胜任力 [M]．胡敏，郝福合，译．北京：北京师范大学出版社，2019.

② 李新．学生的全球胜任力：内涵、结构及其培养 [J]．教育导刊，2019（4）：5-10.

念进行了研究，比较有代表性的有：托马斯（D. C.Thomas）把全球胜任力看作一种文化智力，将其定义为一种与对文化的反思认知联系在一起的知识和技术的交互系统[①]；厄尔森（C. L. Olson）从实践操作的角度认为，全球胜任力是指拥有足够的实质性知识、感知的理解，在相互依存的世界中有效互动的跨文化交流技能，或在有竞争力的全球化组织里有很多人具有这样的知识、理解力、技能和有利于提升这些能力的文化。

尽管众多研究对全球胜任力的概念界定各异，这些定义中包含的概念包括跨文化教育、全球公民教育、21 世纪技能、深度学习，以及社会情感学习等，但这也体现了全球胜任力是一个包含认知发展、社会情感技能、公民学习、态度或价值观及行为等多维度的素养结构。但是，这些不同概念界定中透露着一些共性的认知，如都普遍认可胜任力是比传统能力更为复杂的概念，是个体潜在的内隐特质，其逻辑结构包括个体特征、行为特征和情境条件。全球胜任力是身处全球化背景之中（情境条件）的公民在应对全球化带来的机遇和挑战时处理具体情境所必须具备的知识、技能、态度和价值观（个体特征），以及将这些知识、技能、态度和价值观付诸改善现实的实际行动[②]。又如全球胜任力是一种综合素养，体现在多个维度，落实在具体情境中思考和解决问题的能力，而且这种素养是可以通过教育教学进行培养的。

基于上述全球胜任力的概念和内涵梳理，我们认为，全球胜任力是核心素养在空间维度上的概念表达，与基础教育现有课程体系建设相融合，能增强教育全球性和跨文化交融性的价值。但中国的小学要开展全球胜任力研究有两个基本前提，首先是要以民族认同与文化根基为前提，其次是要与符合小学教育和小学生认知发展特征相融合。因此，我们从时代发展需要与区域发展定位出发，秉承区教育局"深化教育个性化"的总体框架和部署，结合学校发展基础和规划，明确"为全球胜任力奠基"的定位，确立发达城区公办小学为全球胜任力奠基的实践研究的基本方向，致力于为培养具有全球视野与中国根基的未来人才奠定教育实践的基础。

---

① 王小青. 国际能力、全球化能力和跨文化能力术语比较研究 [J]. 比较教育研究, 2017（4）: 23-30.

② 周小勇. 全球化时代呼唤全球素养教育 [J]. 全球教育展望, 2017（9）: 25-36.

二、全球胜任力的主要特征

在教育情境中界定学生的全球胜任力，必须考虑学生的全球胜任力和有关全球性议题的知识学习、技能发展及现实情境之间的关系。根据国内外全球胜任力内涵界定的相关研究，学生的全球胜任力及其培养在实践中呈现出如下几个方面的主要特征。

其一，全球胜任力的综合性。综合性意味着全球胜任力融合了学生多种素养成分，是一种学生能力与素质的整体性体现。不同于某一具体的学科素养，全球胜任力属于通用素养的范畴，由多学科知识与能力融合形成[1]。国内外对全球胜任力不同的内涵界定表明，知识、技能、态度、价值观和行动构成了学生全球胜任力的基本要素，但全球胜任力不是上述要素的简单组合和叠加，而是多种动态交互的能力要素的集合，具有整体性与综合性。同时，全球胜任力并不是指一种具体的能力或技能，它是具有复杂系统和层级关系的素养结构体系，不能孤立地看待和发展这些能力要素。在这些素养成分中，知识与技能是全球胜任力发展的基础，通过学科学习与跨学科学习，学生掌握全球性议题和世界其他文化的相关知识，发展跨文化交际能力、自我反思能力和文化适应力等关键技能，这是培养全球胜任力的基础层面；态度与价值观是全球胜任力的支撑，树立开放性和包容性的态度、建立全球意识、尊重文化多样性居于全球胜任力发展的核心地位；行动是全球胜任力的最高层面，全球胜任力的最高目标层次是学生整合知识、态度和价值观以投入解决全球化问题的行动中。

其二，全球胜任力的可塑性。可塑性意味着学生全球胜任力是可学、可教、可培养的。学生的全球胜任力并非与生俱来，而是通过有目的和有意识的全球素养教育得以发展和培养。与其他核心素养和关键能力一样，全球胜任力是可教可学的，通过全球胜任力教育的课程设计、教学实施、系统学习得以

---

① 具春林，邵晶晶．三重维度综合评估全球胜任力 [N]．中国教育报，2018-01-26（7）．

培养学生的全球胜任力[①]。学生对作为全球胜任力基础要素的全球性议题知识和跨文化知识的掌握以及导向全球理解和行动的认知技能、社会技能与批判性思维技能的发展，主要借助学科课程和跨学科课程载体，将本土、全球和跨文化议题相关的内容知识整合到已有的课程体系中或者开设全球教育专题课程，并在课程实施过程中采取学生中心的教学方法；通过正式课程以及师生课堂对话互动，态度和价值观要素的教与学过程得以发生；全球胜任力行动要素培养的过程侧重学生自我体验与探究。当然，全球胜任力的教与学不是培养彼此孤立的能力要素，而是整合了各要素的共同发展，需要在课程与教学改革之中进行整体性的顶层设计。

其三，全球胜任力的情境性。将行动要素置于全球胜任力的最高层面，意味着全球胜任力具有强烈的情境指向。作为一种素养而不是某一特定能力而存在的全球胜任力，是适宜于特定情境的知识、技能、态度、价值观和行动的组合，强调将学习结果充分应用于指定情境的能力。学生全球胜任力的发展在具体真实的情境中得以发生，与多种具体情境有关联性，且这种情境源自学生生活实际和熟悉的背景信息，抽象和脱离生活的情境将导致学生的不投入和低迁移性。全球化、信息化、文化多元化时代，提供了发展学生全球胜任力的复杂真实情境，学生将所学知识与技能创造性地应用于情境，与来自不同文化背景的异质群体开展多层次互动，以发展自身全球胜任力并成为具备竞争性和行动力的世界公民[②]。这也就意味着培养学生的全球胜任力，最为关键的不是教会学生全球合作、国际理解的相关知识，也不是仅仅局限于学生全球竞争与合作意识的培养，其最为核心的价值指向在于帮助学生形成解决国际事务的实践能力。

三、全球胜任力的结构要素

国内外研究对全球胜任力有多种不同的操作性定义，决定了在此基础上确立的全球胜任力组成要素与结构也是多元化的。根据相关学者的研究，全

---

① 辛涛，姜宇，林崇德，等. 论学生发展核心素养的内涵特征及框架定位 [J]. 中国教育学刊，2016（6）：3-7；28.

② 李新. 学生的全球胜任力：内涵、结构及其培养 [J]. 教育导刊，2019（4）：5-10.

球胜任力的要素结构经历了三个发展阶段：模块要素逻辑、主客关系逻辑及行动程序逻辑，逐渐从思想理念层面向实践层面转化。综合而言，国内外全球胜任力结构研究大致有三种代表性分类。

第一种是从全球胜任力的内容领域出发进行的主题维度分类，将全球胜任力的知识、技能、态度、价值观要素整合到每一个主题维度中。如清华大学全球胜任力的核心素养框架由认知（世界文化与全球议题、语言）、人际（开放与尊重、沟通与协作）与个人（道德与责任、自觉与自信）三个层面和六大核心素养构成（参见图1-1）。PISA2018全球胜任力结构框架包含四个维度：审

图 1-1 清华大学全球胜任力的核心素养框架体系图

视具备地方、全球和跨文化意义的议题和情境的能力；理解和欣赏不同观点和世界观的能力；与不同民族、种族、宗教、社会文化背景或性别的群体建立积极互动关系的能力；为可持续发展和集体福祉采取建设性行动的倾向与能力。同时每个能力维度均融入了知识、技能、态度和价值观四项独立要素，即关于世界和其他文化的知识、理解世界和采取行动的技能、尊重不同文化背景的人的开放态度和全球意识、重视人的尊严和多样性的价值观（参见图1-2）。

第二种从心理学角度出发进行的目标维度分类，将全球胜任力划分为知

识、能力、价值观和行动等要素并进一步细化各要素下的素养成分构成。如美国学者兰伯特（Richard D. Lambert）将全球胜任力分为五个部分：知识、共情、认同、外语能力和任务表现；美国世界智慧组织提出的全球胜任力矩阵（The Global Competence Matrix）由核心理念、技能、态度及价值观与行为四个维度及其下属的 28 个指标构成。

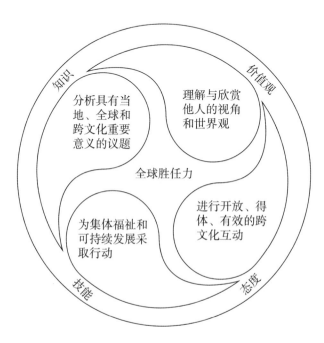

图 1-2　PISA2018 全球胜任力结构维度图

　　第三种从实践操作角度出发进行的行动程序维度分类，依据培养学生全球胜任力的行动策略和程序步骤逻辑确定素养成分。如美国亚洲协会（Asia Society）提出学生应通过学科学习与跨学科学习来理解世界的运作方式，全球胜任力结构要素包括探究世界、分辨不同视角、交流思想和采取行动四大动态交互的能力维度，共计 16 项素养指标。由经合组织和亚洲协会全球教育研究中心 2018 年联合发布的全球胜任力框架由四大维度构成：通过考察当地、全球和文化意义的议题来探究自身生活环境之外的世界的能力；分辨、理解和欣赏其他人的观点和世界观的能力；通过参与不同文化间进行的开放、适宜和有效的互动来与多元群体有效交流思想的能力；为当地和全球的集体福祉和可持续发展采取行动的能力。美国哈佛大学学者曼西利亚（Veronica B. Mansilla）等人认为，全球胜任力是未来学生融入世界的技能，他们将全球胜任力划分为探索世界、分辨视角、沟通思想和采取行动 4 个维度，每个维度均设计了 4 项具体指标，形成了涵盖四大维度、16 项具体指标的全球胜任力框架体系（参见表 1-2）。著名英语教育专家和教学管理专家、新航道国际教育集团董事长兼 CEO、新航道全球胜任力研究中心主任胡敏认为，全球胜任力是 21 世纪人才核心素养的重要指标，是参与全球竞争与合作的能力，在国民教育体系之中，必须要加入全球胜任力培养的相关内容。胡敏等人在系统参考经合组织的全球胜任力框架基础上，提出了新航道全球胜任力模型，该模型以中国根基为基础，顶层是全球视野，核心体系是"六大支柱"——人文科技素养、外语能力、批判性思维、沟通、合作、创造与创新（参见图 1-3）[1]。这一模型既充分考虑了国际竞争与合作的普遍性要求，也充分考虑了中国国情和经济社会发展的特殊属性，在实践领域具有较强的参考价值。

表 1-2　哈佛大学曼西利亚的全球胜任力模型 [2]

界定	一级指标	二级指标
通过学科和跨学科学习理解世界	探索世界	• 确定一个选题，提出问题并解释其重要性 • 用各种各样的语言、来源、媒介寻找并权衡相关证据 • 分析、完善、综合证据以形成一致的答案 • 根据有力证据形成论断并得出可靠结论
	分辨视角	• 识别并表达自己的观点，找出影响这一观点的因素 • 审视他人的观点并找出影响因素 • 解释文化互动的影响 • 清晰阐述在知识、技术、资源获取上的不同会如何影响生活和认知的质量

---

① 胡敏 . 全球胜任力：面向未来的青少年核心素养 [M]. 北京：东方出版社，2019.

② 曼西利亚，杰克逊 . 全球胜任力：融入世界的技能 [M]. 赵中建，王政吉，吴敏，译 . 上海：华东师范大学出版社，2020.

（续表）

界定	一级指标	二级指标
通过学科和跨学科学习理解世界	沟通思想	• 识别并表达不同对象如何理解问题及其对沟通的影响 • 倾听不同人的观点并进行有效沟通 • 选择和使用恰当的技术手段和媒体与不同对象进行沟通 • 反思有效沟通如何影响在这个相互依存的世界中的理解与合作
	采取行动	• 判断并创造机会通过个人或合作行动来改善条件 • 根据证据和潜在影响来评估选择和规划行动 • 以创新、道德的方式进行个人或团队行动来推动进步并对所采取行动的影响进行评估 • 对倡导和推动进步的能力进行反思

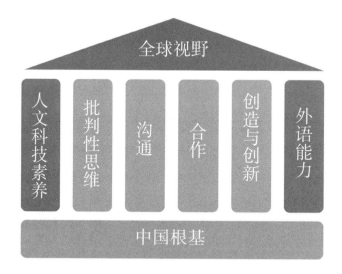

图 1-3　新航道全球胜任力模型

第三节
学生全球胜任力培养的研究回顾

在学校教育环境中开展项目研究和教育教学变革，人们通常会用到文献研究法。通过文献资料研究，可以获得新论据、找到新视角、发现新问题、提出新观点、形成新认识。研究文献，可以从前人的研究中获得某种启示，少走弯路、减少盲目性，也可以利用前人的权威观点为自己佐证，使研究增强说服力①。特别是对于全球胜任力这种教育研究的新兴领域，如何全面梳理已有的研究成果，形成研究和思考问题的新思路、新视角，这是事关研究整体成效的重要基础性问题。

随着经济全球化发展趋势的日渐深入和"一带一路"倡议、教育国际化等战略的提出，全球胜任力的研究越来越成为国内外教育改革和人才培养领域的显学，研究成果越来越丰富。特别是近五年，这种研究的数量成倍增长。梳理和回顾全球胜任力的培养研究，有助于我们整体上把握这一研究领域的历史趋势和成果全貌，从而对未来的变革趋势有更加合理的判断和设计。

综合而言，当前对于学生全球胜任力的培养研究大致可以划分为全球胜任力的概念、内涵研究，学生全球胜任力的培养价值研究，学生全球胜任力的培养路径及评估体系研究。从学校教育的实际情况看，我们所关注的核心内容并非给全球胜任力确定一个"放之四海而皆准"的概念，也并非要比较不同全球胜任力模型的优劣，而是要调动学校的一切有利教育元素，建构培养和支撑学生全球胜任力的路径体系。同时，也考虑到在本书前文中已经呈现了关于全球胜任力的部分理论研究成果，因此，在文献综述的过程中，我们将着眼于实践，分析当前研究中提及的关于学生全球胜任力的培养路径问题，以便为学校领域的变革提供支持。

---

① 杜晓利.富有生命力的文献研究法 [J].上海教育科研，2013（10）：1.

一、国内外研究中的全球胜任力培养梳理

实践领域的变革是全球胜任力研究的重要领域。综合现有的相关研究，可以形成一个基本认知，那就是学生的全球胜任力是能够通过教育的干预来培养的。具体而言，国内外研究者从以下几个维度建构了教育环境中培养学生全球胜任力的路径体系。

（一）推动课程与教学变革

课程和教学是人才培养的关键要素，也是推动学生全球胜任力提升的重要抓手。围绕指向学生全球胜任力培养这一核心目标，研究者们从不同维度提出了课程与教学变革的设想。

有研究认为，培养学生的全球胜任力，需要形成政府、学校系统联动的课程与教学改革体系。在政府层面，要加强全球胜任力教育的政策引领和区域推动；在学校层面，要开设专门的国际理解教育课程、全球胜任力课程，注重在学科教学中渗透全球胜任力素养，开展全球胜任力主题活动，开设虚拟课堂，构建国际交流平台。同时要培养教师的国际视野，促进教师的国际交流和跨国体验，提升教师的国际理解教育素养等。

有研究指出，要着力建构培养学生全球胜任力的完整的课程体系。在这些研究者看来，开展全球胜任力教育要在建立不同教育阶段的目标体系的基础上，确定国家课程、地方课程和校本课程以及综合实践活动等课程载体[①]。在地方课程方面，课程构建应考虑三个体系：课程目标体系、课程内容体系和课程教学与评估体系。在学校课程层面，要通过主题活动模式、学科附加模式、综合统整模式和自觉行动模式等人才培养和教学方式的变革，将全球胜任力的元素主动融入课程与教学实践之中[②]。

有研究认为，课程和教学领域关注学生全球胜任力，要注重这一特殊素养培

---

① 何妮妮. 国际理解教育：思考与行动 [J]. 中小学管理, 2010（8）: 49-50.

② 谢淑海，熊梅. 国际理解教育融入学校课程的原则与模式 [J]. 教育科学研究, 2013（1）: 69-73.

养的阶段性特征，在不同学段设计不同的全球胜任力培养目标体系，并建构与之相应的课程与教学内容和方法。在此类学者看来，全球胜任力培养是贯穿国民教育全程的工作，从基础教育阶段就应该关注。小学阶段要注重培养学生的分享意识，引导其关注全球性问题；中学阶段要注重通过学科渗透和教学方式变革，将全球胜任力的相关要求和元素纳入学科教学之中，有针对性地引导学生用全球思维分析历史与社会现象。大学是学生全球胜任力培养的最关键时期，也是研究最为集中的时期。有的学者将全球胜任力和"人类命运共同体"相联系，提出通过培养全球胜任力的核心能力、设置具有全球胜任力的教学任务、学校及其他教育机构承担辅助职责、制定和落实相关政策等途径培养大学生的全球胜任力[1]。有的学者从研读发展纲要的角度出发，认为大学生全球胜任力的培养应该从确立大学生全球胜任力培养的目标定位，支持鼓励学生和教师参与国际化交流、开展国际项目，提高教师全球胜任力意识并纳入考核中，让学生意识到全球胜任力的重要性，唤醒自我学习的能力等方面入手[2]。除此之外，还有学者在具体的教育过程中总结出培养大学生全球胜任力的教学途径，例如：全英文授课，重视情感态度在课堂教学中的作用；通过小组作业、项目作业和课堂讨论来加强学生的技能，等等。

（二）培养具有全球胜任力素养的教师

教师的素养影响学生的素养，在全球胜任力培养中也是如此。教师相关能力的提高有助于学生全球胜任力的发展。

美国亚洲协会教育事务副会长安东尼·杰克逊（Anthony Jackson）认为，在世界范围内，现在的教师还不具备全球胜任力，教师关于世界的知识是短缺的，关于全球胜任力的教学技能也是短缺的，对学生的全球胜任力评估，多数教师也做得不到位[3]。有学者调查上海一所小学教师的全球素养，结果显示，该校教师对"素养"和"全球教育"的概念具有较好的理解和认知，在具体教学中，全

---

① 刘勇. 高校学生全球胜任力培养方案探究——以人类命运共同体为背景 [J]. 无锡职业技术学院学报，2018（3）：19-22.

② 何艺宁，朱小亮. 论高校大学生全球胜任力的培养 [J]. 教育现代化，2018，（13）：200-201；222.

③ 徐星，官琴芳，杰克逊. 教师急需提升全球胜任力教学技能 [J]. 上海教育，2016（29）：38-39.

球知识掌握程度较好，在价值观层面也表现良好，但是行动力不够[①]。基于上述现状，有学者认为要想培养具有全球胜任力的学生，教师必须为全球胜任力而教，必须转变人才观，放下分数和考试，而且还需要迅速储备全球胜任力知识和素养，有效提升培养全球胜任力人才的教育教学技能[②]。有学者提出，优质的全球胜任力教学需要教师做到以下几点：一是确定学生可以参与的、有全球性或地区性意义的热点话题；二是关注全球胜任力教学的成效；三是设计全球胜任力成果的展示方式；四是始终以全球胜任力为考量核心进行评估。

值得一提的是，同学生一样，教师的全球素养也并非天然形成的，也需要针对性地培养，因此，变革现有的教师培训体系，在教师专业发展的过程中主动融入全球素养、全球胜任力等维度的内容，是打造适应全球胜任力教育的优质教师队伍的必然选择。在这一领域，《美国"全球胜任力"教师教育课程体系及其启示》从课程组织、学习内容及考核方式等方面为我国培养教师全球胜任力提供了有效的参考，具有突出意义。该项目的教师教育课程主要由专业教育课程、通识教育课程和实践教育课程组成，形成了较为完善的教师全球胜任力培养目标和策略体系（参见表1-3），对于建构具有我国本土特色的教师培训模式具有非常强的借鉴意义。

表1-3　美国全球胜任力证书项目"教师教育"课程[③]

学习维度	课程名称	学分
中心	全球胜任力简介	2
	培养全球胜任力的全球实习	2
	协同业务组	1
思考	全球教育对话	1
	全球系统	1

---

① 刘晓. 小学教师全球素养的调查与对策研究——以上海市 H 区 W 小学为个案 [D]. 上海：华东师范大学, 2015.

② 张家海. 培养全球胜任力人才，教师素养要跟上 [J]. 教书育人, 2018（1）：21.

③ 张沿沿，赵丽，张舒予. 美国"全球胜任力"教师教育课程体系及其启示 [J]. 比较教育研究, 2017（10）：90-96.

（续表）

学习维度	课程名称	学分
学习	可持续发展与环境	1
	人权与全球胜任力	1
	贫困	1
	经济全球化	1
	审美经验和全球胜任力	1
行动	数字化教学法和全球胜任力	1
	全球胜任力探究式学习	1
	全球胜任力的领导力讨论	1
	全球胜任力的课程设置、教学和评估	1

（三）改革和重构学生评估体系

评估是一项重要的工作。只有通过对结果的评估，才能清楚地知道培养的效果。全球胜任力的评估目前还在不断改进中，我国学者对这方面的研究主要集中于介绍和借鉴。2018 年，PISA 测试已经将全球胜任力纳入测评，并推出测试框架。从这些评估体系看，全球胜任力包含三个层面的能力：第一，批判性、多角度地分析全球性及跨文化性议题的能力；第二，理解差异性是如何影响人们的观念、判断以及人们对自我和他人的认知的能力；第三，基于对人格的共同尊重，与来自不同背景的人们进行开放、恰当、有效的合作的能力[1]。通过对近几年 PISA 测试的分析，我国学者总结出全球胜任力的三个评估内容分别为：（1）全球议题的知识和理解力，主要包括对全球议题熟悉程度的考查，如移民、国际冲突、全球健康等问题；思考全球议题发展趋势，如"气候变化将给墨西哥湾或非洲造成什么影响"这一议题；发现全球性议题相关因素的联系，如"在织物价格和生产国工作条件间建立联系"等。

---

[1] 徐星，官琴芳，施莱歇尔．为全球性与跨文化性的未来做准备 [J]．上海教育，2016（29）：24-25.

（2）跨文化的知识和理解力，主要包括尊重文化差异、跨文化的沟通能力、对不同文化开放包容的态度。（3）分析性与批判性思维，主要考查以系统的逻辑思维分析，批判地看待全球性议题的能力，如能否发现他人的文化观念与理论立场、材料是否真实可靠等[①]。还有学者介绍了 PISA 测试中运用到的全球胜任力评估手段，包含两个方面：（1）专门针对"全球胜任力"建构的认知测试。（2）一套问卷，收集学生对全球议题和文化意识、技能（包括认知技能和社会技能）、态度的自我报告的信息，以及关于培养学生全球胜任力的学校和教师的活动的信息[②]。另有研究者分析了 PISA 全球胜任力的评测特点，指出评测有丰富的场景、拟真的角色和开放的问题[③]。这说明全球胜任力不只是认知和态度价值观，更是一种行动力，在不同场景和不同角色中将全球意识表现出来并行动得当。

从国内课程与教学改革的现实看，评价维度的改革一直是一个重点和难点问题。我们认为，全球胜任力是一种人才培养范式的引领性变革，也是一种创造性尝试，基于全球胜任力单独在教育体系中设计一套学生评价、教学评价的模式固然是重要和必要的，但是在当前的教育模式下似乎还难以真正推进，而最为直接和便捷的方式应该是着眼于学生全球胜任力的培育，扩展现有的学生评价、课程评价和教学评价范式，以评价推动教学变革，以评价引导自主成长，进而让评价研究成为促进学生全球胜任力培养的重要动力，而不仅仅是判断学生全球素养达成程度的标准。

二、文献研究形成的全球胜任力培养启示

学生全球胜任力的培养，既需要理论的思考，更需要实践的探索；既需要国外经验的借鉴，更需要本土性的变革与创新。基于上述文献分析，我们认为，当前要在学校教育实践领域开展学生全球胜任力培养的思考和探索，应该形成和遵循以下共性认知。

---

① 具春林, 邵晶晶. 三重维度综合评估全球胜任力 [N]. 中国教育报, 2018-01-26（7）.

② 冯琦, 张玉兰. 全球胜任力的构成要素 [J]. 上海教育, 2018（8）: 10-14.

③ 李杨, 曾小平. PISA2018 全球胜任力评测 [J]. 外国中小学教育, 2018（5）: 25-32.

其一，培育全球胜任力是教育应对全球化发展的共识需求。21 世纪以来，世界各主要国际组织以及众多国家和地区均提出或实施了适应 21 世纪知识社会的人才能力框架，描述了 21 世纪学习者应该具备的关键能力或核心素养，而几乎所有的框架都将全球胜任力（全球素养、跨文化的理解和对话）列为关键能力或核心素养的一个重要维度，如经合组织发布《PISA 全球胜任力框架》，将"全球胜任力"纳入 2018 年 PISA 测试的项目之列；清华大学学生全球胜任力发展指导中心成立，并将"全球胜任力"作为人才培养的核心目标之一。由此可以认为，培养学生全球胜任力已经成为国际教育变革的重要潮流，开展这一维度的研究和思考具有鲜明的时代价值和实践价值。

其二，"为全球胜任力奠基"需要在中国语境下综合考量。"全球胜任力"的概念是一个"舶来品"，需要进行本土性的变革和创造。以往的研究多数以介绍性的方式来推动理念上的普及，对于全国大范围内的实践性建议还在进一步的探索中。目前培养全球胜任力的区域较为有限，主要集中于东部沿海地区，大部分中西部地区的教育仍未涉及，因此需要考虑中国教育条件与国外相比差距较大的现状。怎样从我国内部大范围的视角解释全球胜任力、培养全球胜任力，是我们需要注意的。与此同时，也有相关学者分析了全球胜任力的内涵要素和测评框架，并提出对全球胜任力在中国的批判性反思，认为"全球胜任力"中非常核心和重要的思想之一就是要具有开放和包容的心态，而要具有这样的心态，必须要有足够自信的民族文化和身份认同。因此，在中国当下的语境中谈学生"全球胜任力"的培养，必须加上培养学生中国民族文化传统及身份认同的思考维度，只有这样，我们拥有"全球胜任力"的学生才能真正具有长远发展的潜力。

其三，"为全球胜任力奠基"亟需实践上的内化与创新。研究者们普遍认为"全球胜任力"是"21 世纪核心素养"在空间维度下的概念表达。因此，对于基层学校而言，学校日常工作的重心依然是培养学生的核心素养，但同时要注重"全球性"与"跨文化交融性"在培养过程中的体现。目前很多学校和教师对于全球胜任力的理解和培养更多是在认知层面，或是对表层文化现象的认识，需要通过扎扎实实的行动研究，从观察与分析问题到充分理解，再到有效沟通和开展行动，帮助学生通过对本土、全球议题的理解和行动中认识到个人与社会及全球的密切联系，真正感受人类命运共同体的价值。因此，"为全球胜任力奠基"并非几场国际文化活动、外教进课堂或是几节国际理解课就能完成的。"为全球胜任力奠基"应该依托于我国现有的基于核心素养的国家课程改革体系，突出其"全球意识"和"跨文化交融意识"，实现学科融合式的教育方能有效。以往的研究更多地侧重于介绍国外理论，而没有在实践当中落实，这就极可能造成接受了理论、改变了观念，但不知道在实践中如何操作、如何行动的现象。目前，我国仅在一些发达地区开展过有关全球胜任力的教学活动，而其他地区特别是中西部欠发达地区的全球胜任力教育还处在较低水平。因此，在培养全球胜任力的过程中，仍需更多地关注各地教学实践的可操作性，学者应多"走基层"，多与一线教师合作，争取在较广范围内提高全球胜任力教育的水平[①]。

其四，要着力推动"为全球胜任力奠基"的课程与教学改革。研究表明，各个国家围绕经合组织全球胜任力的构成要素，或通过独立课程开展实践研究，更普遍的做法是基于现有课程，利用学科之间的交叉主题，开展相关的教学实践研究。从已有实践来看，全球胜任力进入课程需要关注能够促进学生参与和互动的课堂文化，关注采取建设性的方式讨论复杂话题，鼓励学生认识、理解并表达不同的视角，课程中也鼓励采用结构化的辩论、有组织的讨论、时事学习、游戏式或服务式学习等。关于全球胜任力的评估，最具影响力的是 2018 年 PISA 的全球胜任力测试框架和测试方式的启示。针对全球胜任力的关键要素的评价，更多学者呼吁要设计和开展更多的形成性评价，为教师和学生提供更完善的反馈。同时，许多学者认为，青少年全球胜任力的变革可能会深刻影响课程设计和教学方式，作为学校来说，需要致力于教师的专业发展。

综上所述，全球胜任力培育是当前和未来的重要命题，在小学阶段为全球胜任力奠基是可为可教的，但亟须基于本土特点和中国文化进行创造性实践，在中国教育的境域中解码核心要素，探索具有本土特质的小学阶段为全球胜任力奠基的有效践行范式。

---

① 张蓉，畅立丹. 国内全球胜任力研究综述 [J]. 教育与教学研究，2019（3）：1-10.

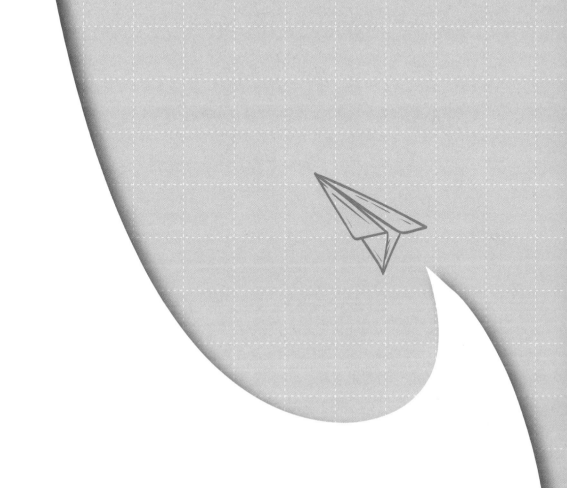

第二章

在开放汲取中持续迭代:
学生全球胜任力培养的校本框架

基于对全球胜任力的内涵阐释和模型分析，可以认为，学生全球胜任力的培养维度是多元的，这一导向引领的教育教学和人才培养变革也应该是系统性的、复杂的，需要从多个维度进行路径设计。综合现有的相关研究可以认为，由于目标体系对培养全球胜任力具有导向、指引作用，课程实施是学校教育培养全球胜任力的主要途径，教师是实施的主体，因此大量国内外相关研究都倾向于从宏观的角度提出，从目标、课程与教师建设三方面构建全球胜任力体系：设置全球胜任力培养的目标体系，将全球胜任力的培养方向具体化为可操作性的目标；设置全球胜任力培养课程，研发更适合中国国情的、发展的、连续的课程来培养全球胜任力；满足教师提高全球胜任力的专业诉求，重视教师的全球胜任力提升来培养学生的全球胜任力[1]。在这一过程中，人才培养目标的厘定是基础性问题，也是具有引领价值的问题。这也就意味着，在学生全球胜任力的培养过程中，首要的任务是建构可行的、科学的学生全球胜任力培养模型，并将之视作全球胜任力导向的人才培养变革的重要引领。

从上一章节的文献综述看，当前对于全球胜任力的框架和模型研究已经比较丰富，但是，一方面，这种框架的提出主要是基于国外教育改革和人才培养的现实情况提出，缺少对本土教育实际和人才培养所需要的充分观照；另一方面，现有的框架，主要是基于理论思辨和对教育改革发展总体态势的判断，缺少相应的数据调查支撑，对学校教育教学、课程变革和人才培养的实际情况也缺少足够的判断和分析。上述两种问题的存在，使得学校在进行学生全球胜任力培养的过程中，如果不加甄别、判断和创造，盲目照搬现有的全球胜任力培养框架体系，往往会造成实践中的冲突与问题。

因此，纵观全局，立足校本，设计和推进学生全球胜任力培养的框架，可以充分尊重学生的基础和需求，汲取学校教育教学的积淀和特色，激发学校教师团队的专业智慧和活力，打造学校可持续发展的办学特色，进而达到促进学校教育品质迭代更新的目的[2]。从这一视角出发，校本化的学生全球胜任力培养模型建构应该具有突出的价值和意义。这也就意味着，从一线学校的视角看，推动学生全球胜任力的培养，首要的任务是建构具有学校特质的学生全球胜任力培养模型。当然，这种建构不是随意的，需要立足学校的办学理念，在充分借鉴现有研究成果的基础上，融入对学校实际情况的客观调研和合理解读，最终形成既符合教育改革发展潮流，又充分体现学校特色的学生全球胜任力培养模型。

① 具春林，邵晶晶. 三重维度综合评估全球胜任力 [N]. 中国教育报，2018-01-26（7）.
② 何勇平，范蔚. 校本课程的特色与学校更新 [J]. 课程·教材·教法，2006（10）：16-19.

第一节
学生全球胜任力校本框架的设计基础

任何层面的教育变革都需要面临思想和认知的统一，亦即对于教育变革价值观念的共识。价值观念是对现实价值关系的评价性反映，本质上是一种指导人的生活的实践性观念，是价值观与人的实践活动的中介环节[1]。"教育价值观念"可以理解为是对教育价值关系的评价性反映，是教育实践观念。价值观念具有鲜明的个体性特征，因此，在经济社会转型的历史时期，从有利于教育改革良序发展的角度出发，达成价值共识是教育改革应然的思想基础[2]。这种价值共识能否达成，关键是教育改革核心命题的合理性是否被认同，而要达到这种认同，在确定核心命题和理念的时候就要广泛调研、充分思考。学生全球胜任力的校本培养框架在整个学生全球胜任力培养的变革体系中处于主导和核心地位，确定这一框架体系不能随意，不能马虎。所以，我们主要是从三个维度出发，明确了学生全球胜任力校本框架的设计基础。

一、对现有全球胜任力模型的借鉴

正如前文所言，近年来，国内外对于学生全球胜任力的培养模型进行了大量研究，取得了很多成果，有的甚至已经成为国际社会公认的模型结构和指标体系。对这些模型进行研究，有助于我们把握学生全球胜任力培养的整体趋势，确保学校的人才培养变革符合国际潮流和教育改革发展的客观现实。现有的全球胜任力培养模型众说纷纭，我们基于文献研究，梳理了在学界有较大影响力（主要参考文献发表的期刊质量、转载率、引用率等指标）的相关成果，

---

[1] 郭凤志. 价值、价值观念、价值观概念辨析 [J]. 东北师大学报（哲学社会科学版），2003（6）：41-46.

[2] 蒋红霞. 价值共识：教育改革中的潜在难题 [J]. 教育文化论坛，2015（2）：94-96.

特别是清华大学（参见图 1-1）、经合组织 2018PISA 测试框架（参见图 1-2）、美国亚洲协会（参见表 2-1）、亨特（William D. Hunter，参见表 2-2）等对全球胜任力内涵的论述和对其模型的架构，形成了学校对于学生全球胜任力的初步理解和认知。

表 2-1　美国亚洲协会全球胜任力指标体系 ①

维度	指标
调查自身之外的世界	意识到问题，提出具体问题，解释意义
	运用各种语言、资源、多媒体来识别与权衡相关证据
	分析、整合与综合这些证据来构建一致的答案
	基于强有力的证据开展讨论，以便得出有说服力的结论
了解自己与他人的观点	了解与表达自己的观点，辨识影响因素
	了解他人的观点，辨识影响因素
	解释文化交往的影响
	了解知识、技术以及资源获取的途径不同，人们看待生活的角度和生活质量也有所不同
与各种不同的人有效交流自己的观点	清楚了解不同的人对同样的话有不同的理解，这会影响沟通的效果
	与不同的人进行有效交流
	选择恰当的技术与媒介手段与不同的人进行交流
	考虑在这个互相依赖的世界中，有效交流如何影响理解与合作
将自己的观点付诸恰当的行动以改进现状	创造机会来进行改进现状的个人行动或团体行动
	基于证据与潜在影响，来评估与选择行动方案
	以创造性与符合伦理的方式来进行个人行动或合作行动以致力于改进现状，并评估所采取的行动的后果
	考量致力于改进的能力

① 滕珺. 培养学生"全球胜任力"，怎么看？怎么办？[J]. 上海教育，2016（29）：48-51.

表 2-2 亨特的全球胜任力指标体系 [①]

维度	指标
知识	理解自身的文化规范与期望
	理解他人的文化规范与期望
	理解什么是"全球化"
	具备有关当今世界性事件的知识
	具备有关世界历史的知识
技能/经历	具备与其他文化和传统的人合作开展项目导向的学术或职业经历的成功经验
	有能力评估社会与商业情境下的跨文化表现
	有能力在自身之外的文化中生活
	有能力辨识文化差异
	有能力跨文化合作
	能够有效参与世界上任何地方的商务与社会情境事务
态度	认识到自己的世界观不是普适的
	愿意走出自己的经历与文化圈，作为"他者"来体验生活
	对新鲜事物（即使是给自己带来巨大情感冲击）保持开放的心态
	有意愿追求跨文化学习与个人发展
	没有偏见地对待文化差异
	欣赏多样性

基于对上述不同的全球胜任力培养模型的比较分析，我们形成了如下认知：其一，学生的全球胜任力不是一种单一维度的能力或者素养，而是一种综合性素养，体现在认知、能力、情感、态度、行为等多个领域，这意味着学生全球胜任力的模型建构必然是多维度的而不是单一维度的。其二，尽管不同的

---

① 刘扬，孔繁盛. 大学生全球素养：结构、影响因素及评价 [J]. 现代教育管理，2018（1）：67-71.

学生全球胜任力模型在具体的指标设计上不尽相同，但是其中有一些核心的表达是几乎所有的模型中都提及的，比如对不同文化的理解，对全球事务的热情和参与程度，团队合作与责任意识，以及解决实际性问题的能力；同时，除了各方面的能力与素养之外，人之为人的基本道德素养也应该是全球胜任力的基础，等等。上述几个方面的核心表达，实际上建构起了学生全球胜任力的基本框架和核心要素。其三，国内外对于全球胜任力的框架体系的研究经历了多年，在不同时期的不同研究主体中，研究的结论有一定的差异性，这意味着学生全球胜任力的培养也必然是一个动态的过程。什么是全球胜任力？全球胜任力的核心指标应该包含哪些维度？这些实践性问题的回答必须回归到人类社会发展和教育变革的实践场域之中，需要结合教育改革发展的最新理念进行动态更新。因此，学校层面建构学生全球胜任力培养模型，有的时候未必是一蹴而就的，也应该经过动态的设计和持续的改进。

二、对学校特色办学理念的理解

学校办学理念本身是代表学校鲜明办学追求的一种价值观，它的落地与否关乎立德树人的任务能否完成[1]，关乎学校特色发展能否真正实现。学校的发展，需要理念的引领和支持。一般而言，办学理念解决的是办什么样的学校、怎样办学校的问题，其存在价值在于指导和规范办学活动。"定位"与"定向"的双重叠加，构成办学理念的基本内容。"定位"表现为确定学校发展的时空方位，确定学校错位发展的基本方略，体现自身独到的办学特色；"定向"表现为明确学校发展的目标，描绘学校发展的未来愿景，引导学校向预定的方向迈进[2]。所以，办学理念有着强烈的现实指向。可以说，办学理念是用来落实的，是学校实现成功办学的思想遵循[3]。在实践之中，学校的办学理念往往通过教育教学管理和人才培养实践来得以落实，因此，只有将办学理念真正融入

---

[1] 陈永平. 办学理念如何落地：为共同追求找到"锚点"和"支架"[J]. 人民教育，2019（5）：56-59.

[2] 罗欣，郑金洲. 办学理念：问题探寻与改进策略 [J]. 上海教育科研，2011（6）：30-32.

[3] 牛楠森."办学理念"：概念辨析及其"诞生"[J]. 中小学管理，2019（11）：28-31.

人才培养的实践之中，办学理念才有实践价值，学校特色发展才有可能。

每一个教师都有他们的职业梦想，身为校长更应有自己的教育追求，作为一所学校，也同样需要有一种理念，能够将教师和校长的教育理想变成共同的价值追求。我们始终认为，有共同的目标追求，这个学校的生命力才会不断壮大，学校才会不断成长；有共同的目标追求，这个学校的教师和学生才可能在各自的角色上获得最大限度的幸福感。确立办学理念，是学校办学的核心。对理念的思考，就是对学校发展的目标梳理。理念可以塑造共同愿景，理念可以引领学校文化，理念可以使得学校一切的教育教学都有一个共同的依据和衡量标准。理念不在于创新，而在于思考的沉淀，目标应该归结到学生成长上来。

对大宁国际小学来说，"微笑"是学校办学理念的关键标志，是全体教师共同追求的教育理想的文化表达，也是所有学生成长发展的价值引领。"大宁国际，微笑每一天"这一理念的提出，源于我们对教学和管理工作的实践体验，源于对学生发展特质的理解，也是大宁国际小学创建之初，作为新学校办学规划最重要的核心任务。

好的理念，不在于绚烂，而在于能打动人心，润物无声。而"大宁国际，微笑每一天"既是我们的追求，也是我们坚持不懈的承诺。

什么是微笑？《辞海》中对"笑"的解释是"因喜悦而开颜"。我们认为，微笑指向于每一个学生的幸福成长，这种幸福，是学生心灵解放、个性成长、思维发展、交往和谐等个体需要得到尊重和满足的真实反映。学生应当能够在和谐的师生关系、相互鼓励和共同进步中微笑；学生应当能够在课堂中让思维的火花得到激发与共鸣，并因感受问题解决的过程和方法的掌握而微笑；学生应当在充分享受学校课程服务的过程中因个性潜能得到激发和彰显，感受到自身的成长与进步而微笑；学生应当在参与学校生活的规则制定、活动组织过程中感受到积极的责任意识和主人翁意识而微笑；学生应当在面对挫折与困难的时候，因奋起前进的勇气与积极的生活态度而微笑。

同时，微笑是可以传递正能量的态度，它可以让学生和学生之间、教师和学生之间、家长和学生之间、教师和家长之间、家庭和学校之间、学校和社区之间都充满积极向上的能量。不仅学生微笑，还有教师微笑、家长微笑、社区微笑……

当然，理念需要具体化为目标，才能指引行动的方向；目标需要举措的落实，才能到达理想的彼岸。为此，我们在"大宁国际，微笑每一天"理念的引领下，将培养目标定为"身心健康、富有爱心、勤学好问、能负责任，具有国际视野、民族精神与领袖气质的现代公民"，简单而言，就是基础扎实而又生动活泼。

在学校整体改革发展的过程中，办学理念是一种长期的、稳定的、整体性的目标和引领。我们始终认为，开展全球胜任力研究，不是在已有的学校教育基础上的叠加，而应该是对学校已有课程教学研究的丰富和延伸，并立足全球胜任力培育的定位，来设计和推进全球胜任力的校本实践。在这一过程中，要始终坚持办学理念的重要引领价值。我们认识到，在经济全球化时代，在国际竞争与合作成为常态的时代，学生要真正在未来社会中"微笑"起来，就必须形成与未来社会发展相契合的复合型能力与素养，必须能够承担时代发展赋予的新使命。基于这样的认识，培养学生的全球胜任力，实际上就是新时代教育背景下，我们对于学校办学理念的再思考、再挖掘和再丰富，它在很大程度上拓展了"微笑"教育的价值，也为学生更好地"微笑"提供了可能。不仅如此，在建构学生全球胜任力培养模式的过程中，我们还注重将微笑教育所延伸的人才培养定位、特色融入其中，身心健康、富有爱心、勤学好问、能负责任，具有国际视野、民族精神与领袖气质的现代公民，这是我们持之以恒的育人追求，也是学生全球胜任力培养中我们始终坚持的理念。

三、对毕业生学习体验的解读

对所有的学校教育来说，学生是核心，学生发展是根本。学生是受教育者，所有教育改革无非是要创造出更好、更完善的教育，为学生的发展服务。而教育改革最终都会涉及学生利益，影响其发展。学生虽然还未完全成熟，但也是具有独立人格的个体，他们对关涉自身利益的教育改革理应拥有一定的发言权，也有权以自己的方式参与教育改革，影响教育改革的方向。因此，在以人为本的现代教育体系下，学生参与教育改革的权利应该得到保障，学生对关涉自身利益的教育改革发表意见、提出建议，是其应该享有的基本权利[①]。

在实践之中，学生的立场、利益与家长、教师、学校的并不总是一致的，家长、教师和学校并不能替代学生参与教育改革，不能忽视学生在改革中的需求和呼声。基于这样的认知，大宁国际小学从 2010 届学生开始，对毕业生开展持续性的跟踪问卷调查，调查的基本内容包括小学阶段的学习感受、成长收获、独特体验、活动经历，以及对于小学教育的期待、需求和建议等，这些数据的整理和分析对于我们进一步厘清学校办学定位，推动学校科学教学和人才培养体系改革具有非常鲜明的实践意义。

案例：2019 学年毕业生调查数据（部分）

Q1：您觉得，小学阶段有哪些良好的习惯与品质的形成，对您现在的学习和工作是非常重要的？

结果参见图 2-1。

图 2-1 小学阶段重要习惯与品质调查结果

Q2：这些习惯与品质的形成，您认为主要和以下哪些活动密不可分？（按重要程度排序）

---

① 阎亚军.论学生参与教育改革 [J]. 中国教育学刊, 2019（2）: 59-63.

结果参见表 2-3。

表 2-3 各项活动对习惯与品质形成的重要性

选项	平均综合得分
文化节活动（圣诞节、万圣节等）	6.77
社会实践活动	6.62
午间 70 分活动（包括原午间阅读活动）	5.75
假日小队活动	5.29
超级变变变	4.8
快乐操场运动	4.74
周五大劳动	4.11
强者计划制定	3.69
330 俱乐部（后称 345 俱乐部）	3.18
运动会	2.89
学长服务	2.45
海外研学活动	1.82
其他活动（请注明）	0.56

在梳理这些数据的过程中，我们也感觉到，学生迫切需要国际理解、团队合作、文化体验和解决实际问题能力的培养，大量学生对于学校开展的国际理解课程、活动表现出浓郁的兴趣，很多学生表示小学阶段国际视野的拓展对于他们今后的成长和发展具有非常大的价值，以下是几位不同学段的毕业学生对小学生活的感想：

——小学生活给我的生活带来巨大的变化。特别是在合唱团的学习中，我体会到团队合作的责任和默契带来的愉悦。有时候我们要一个人承担一个声部，所以除了要做好自己的部分，还要倾听其他队友，这启示我：团队合作永远比一个人出彩更加重要。

——我印象最深刻的是学校给我们提供了丰富多彩的课程和活动，我们不仅能够增长知识，而且更为重要的是开阔了眼界。在这些课程的学习中，我逐步学会读懂上海，读懂中国，也加深了对世界的了解。所以那时候我的成长目标之一就是：世界那么大，我一定会去看看……

——我应该算得上是最早的一批舞蹈队员啦！还记得当时上课时，学了很多基本功和舞蹈组合，到现在我都对老师分步教学波浪舞（wave）印象深刻。不仅如此，因为学习舞蹈，我有机会亲身体验不同国家、不同地区文化的差异和魅力。现在的我，在大学里担任了舞蹈社团的社长，我永远都不会忘记小学时这段经历，不会忘记带领我们用舞蹈"开眼看世界"的老师们。

——小学阶段让我印象最深的就是接触到机器人课程的学习。在机器人课程学习过程中，在基础学习之后，老师常常放手鼓励我们要敢于大胆尝试、自主搭建，给了我们很大的空间。当然，不断地调试修正、团队合作都是非常重要的。正是这种锻炼，给了我们更多敢于应对挑战的自信。我还记得最早参加 RCJ 机器人世界杯比赛时，其实对于规则和要求大家都是迷茫的。于是我们大家组成团队，分头查阅规则资料，分享心得，大家互相帮助，不断尝试，对很多可能出现的问题都有了充分的准备。也正是这种扎实的训练，让我们第一次参赛就荣获了上海赛区的冠军。是机器人课程，让我深刻感受到独立解决问题和团队合作同样重要，严谨的逻辑思维和大胆的尝试突破也同样是不可或缺的，这些都让我受益匪浅。

学生的反馈，一方面增加了我们对于教学质量提升和人才培养变革的信心，另一方面也让我们更具前行的责任感和使命感。只有顺应时代发展，不断改革和重构我们的人才培养理念与方式，我们才能够更好地承担"为党育人、为国育才"的时代重任，而这也正是我们开展全球胜任力培养变革的重要原因。

第二节
学生全球胜任力培养框架的校本设计

全球胜任力校本素养指标是学校梳理全球胜任力核心内涵，结合学校办学基础及学生年段发展特征，引领课题研究持续推进的支架和基础，也是学校教育培育目标的重要表现。因此，在实践过程中，我们把学生全球胜任力培养框架的校本化设计作为一个重要内容。正如前文所言，学生全球胜任力的理解、认知和实践是一个动态的演进过程，学校对于全球胜任力培养的模型建构和实践探索注定也不会是一蹴而就的。总体而言，我们遵循阶段性解决关键问题的"小步子渐进"原则，通过三个前后相继的阶段，研发了不断完善的学校全球胜任力模型 1.0、2.0、3.0 三个版本。这三个版本的演进，也体现了我们对于全球胜任力培养的理解和认识的不断深化。

一、全球胜任力模型 1.0

我们参考经合组织、美国亚洲协会、亨特关于全球胜任力的指标模型、PISA 测试框架以及清华大学全球胜任力模型等，提取关键要素和核心分类的依据，并通过问卷先期调查毕业学生关于学校培养素养的反馈，初步确立了学校全球胜任力模型 1.0。模型从认知（理解与认知力）、人际（交往态度、思维与行动能力、技术素养）、品质（诚信、责任、自信和关爱意识）三个维度建立了框架指标，形成了我们对于全球胜任力培养的初步理解（参见图 2-2）。

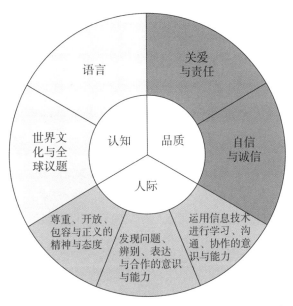

图 2-2　大宁国际小学全球胜任力模型 1.0 版本

二、全球胜任力模型 2.0

　　尽管我们的全球胜任力培养是依托课题研究开展的，但是不能仅仅依靠课题组成员的智慧。一方面，随着课程改革研究的不断深入，各领域对教师的角色应有新的认识，教师参与课程与教学改革的权利应该得到保障[1]；另一方面，学校的教育改革是一种兼具科学性和艺术性的活动，需要外部专家的理论引领。因此，在 1.0 指标指导下的实践研究推进过程中，课题组通过调查、座谈，从指标框架的指导性、合理性和指向性上做了进一步的调研。从教师的普遍反馈来看，1.0 指标框架存在概念宽泛、目标交叉，以及指向不明确等问题。因此，通过进一步研讨和专家指导，我们对 1.0 指标做了进一步的细化和分类，形成了 2.0 指标，明确了三大层面、10 个具体指标的要求（参见表 2-4）。

① 张侨平，林智中，黄毅英 . 课程改革中的教师参与 [J]. 全球教育展望，2012（6）：39-46；38.

表 2-4　大宁国际小学全球胜任力 2.0 版本指标体系

维度	核心要求
A 认知与理解	A1：语言学习与运用
	A2：全球议题的认识与理解
B 人际与交往	B1：尊重与包容的态度
	B2：表达与沟通的能力
	B3：问题发现与解决的能力
	B4：技术学习与应用的能力
C 道德与品质	C1：责任感
	C2：自主力
	C3：诚信力
	C4：协作力

三、全球胜任力模型 3.0

在行动反思的过程中，我们对全球胜任力奠基的要点、实践策略与路径有了进一步的思考与反思，认为 2.0 指标在内涵要求上虽然基本反映了与全球胜任力相关的素养培育的要求，但是，依然存在关键指标不凸显、内容要求不明确、实践重点不突出的问题，比如语言学习与应用相对比较宽泛，对学科教学的突破点把握不足；再如表达与沟通、问题发现与解决、责任感、团队力等指标虽然有所侧重，但是与一般的教育目标对比，依然存在模糊不聚焦的问题。因此，需要我们对 2.0 指标进一步修正。通过深入研讨和实践分析，我们修正得出了全球胜任力 3.0 指标模型。

3.0 模型确立了中国与国际、个体与社会、认知与行动三对关系，遴选文化自信、尊重包容、自我管理、沟通合作、情境认知和问题探究六个要素来引导我们的实践研究。这是我们对全球胜任力的中国定位、关键内涵和突出要点的再学习和再思考（参见图 2-3）。

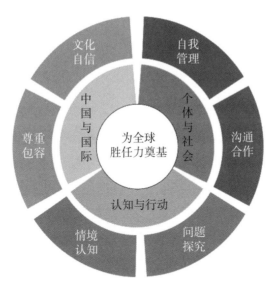

图 2-3　大宁国际小学全球胜任力模型 3.0 版本

首先，文化自信是为全球胜任力奠基的根基。文化自信的培育是要通过在开放、包容和互动的过程中，理解中华文化的核心内涵和独特魅力。这是全球胜任力培育的根基。

其次，全球胜任力不是简单的知识、能力、态度的叠加，而是更突出在各种特殊情境中，学生能够通过综合运用所学的知识、技能增进对议题的理解和认知，并能够积极思考与探索问题解决的方法，最重要的是能够付诸行动。

最后，面对更为复杂的真实情境，对小学生来说，逐步建立自我管理的良好习惯和方法，并积极尝试开展与不同群体的对话、沟通与合作，是实现未来学生自我发展适应全球议题需要的重要基础。

全球胜任力的指标模型的校本开发与设计，是基于理解与行动、学习与反思的重要反映，体现了学校为全球胜任力奠基这一目标的作用点，也成为下一步学校设计指向学生全球胜任力培养的课程、教学、活动、评价变革的重要引领。

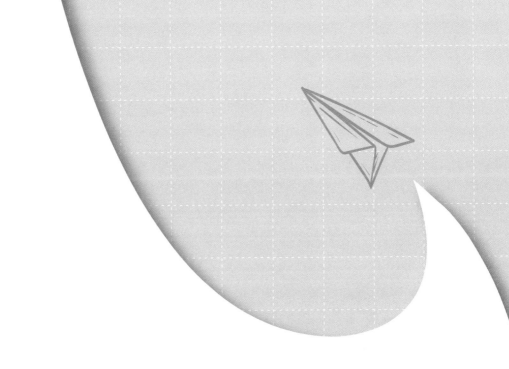

第三章

在联结统整中推动变革:
学生全球胜任力培养的课程教学

课程与教学是教育的基本构成和核心构成，课程与教学领域的变革也是任何教育改革、人才培养方式改革的基本领域和核心领域。尽管课程与教学作为一个独立的研究领域从教育研究的母体中相对分离出来还是 20 世纪初的事情，但是，课程、教学与教育活动共生共在的现实情况是得到公认的。考虑到课程与教学在整个教育体系中的重要价值，教育领域的任何变革或许都绕不开课程和教学理念与路径的重构，都需要依托课程和教学改革进行，学生全球胜任力的培养亦是如此。在现代教育体系下，课程与教学既是两个相互独立的研究命题，也是具有复杂内在联系的有机整体，课程改革、教学改革往往交织进行，也有研究认为，教学就是课程实施的核心方式。基于这样的理解，我们将课程教学变革视作支撑学生全球素养培育的首要路径。

第一节
指向全球胜任力的课程与教学变革理念

理念是行动的先导。十余年来的基础教育新课程改革，给中小学的课堂教学带来了很多变化。从课程理念到课程标准，再到课程形态，从教学目标到教学内容，再到教学方式方法，全新的课堂教学样态超越了传统的知识课堂、"教科书至上"和教师权威，让我们充分感受到教学内容的丰富、教学方法的多样、教学设计的精致和课堂气氛的活跃。这些新理念和新做法已经在许多教师的课堂教学实践中产生了良好的效果，对于学生的学习和全面发展发挥了积极的促进作用。这些现实成效的取得，在很大程度上是因为有先进的理念作为变革的引领，因而推动学生全球胜任力培养的课程与教学改革，也应该对其所遵循的基本理念有一个整体性的思考和设计。

我们始终认为，学校领域的教育变革是一个前后相继的历史过程，前期的变革经验积累既是后续变革的基础，也蕴含着后续变革的核心价值和方向。比如，在前期研究中，我们对跨学科德育开展了长时间的持续性研究，形成了集中反映这一研究命题的丰富成果，并提炼了"课程整合""主题引领""跨学科协同""指向德性成长"等作为跨学科德育的重要特征。而在思考学生全球胜任力培养的过程中，我们发现，这几个核心导向依然是需要坚持的。这是因为在培养学生全球胜任力的过程中蕴含着与学科德育相同和相近的使命与要求，如它们都强调学科之间的整合，强调不同教师之间的联动，强调真实环境中解决实际问题的能力等。因此，在实践中建构校本化的学生全球胜任力培养模型，也要注重体现其在课程与教学上的总体要求，并以此为基础形成指向学生全球胜任力培养的课程与教学基本理念。

一、注重学科内容的整合

传统的知识在学校教育体系中是以学科为方式单独存在的，这尽管有助于保持每一门学科知识体系的独立性和系统性，但却不利于学生自身知识体系的整体建构和综合应用能力及素养的提升。也就是说，分科课程强调不同学科门类之间的相对独立性，强调一门学科逻辑体系的完整性，但是容易导致将学科与学科彼此之间割裂，从而限制了学生的视野，束缚了学生思维的广度。基于这一问题，新课程改革强调课程的整合性，整合课程强调把知识作为一种工具、媒介和方法融入教学的各个层面中，培养学生的学习观念和综合实践能力[1]。因此，我们推进课程整合，就是以真实世界中具有个人和社会意义的问题作为开展学生全球胜任力培养的枢纽，通过知识及其相关内容和活动的运用、理解、体验、探究和问题解决的过程，使学生将课程经验整合到他的意义架构中，并亲身体验解决问题的方法，达成经验和知识的整合。这种整合不仅使知识更易为学生接受，更能创造民主教育的环境。一般来说，在课程与教学改革的实践中，我们通常从以下几个维度对课程、学科教学进行整合：

其一，关注学科间知识的整合。课程整合是一种避免学科知识过度分化而彼此失去关联的课程设计，应用不同学科的方法与语言，以验证一个核心主题、议题或问题单元（经验）。

其二，关注学科学习和个体经验的整合。课程整合期望使课程内容切合全球胜任力培养的需要，并配合个人经验，但整合的方式可以有不同方案。

其三，关注学科学习与社会经验的整合。即把学生在校内的学习同校外生活及其需要紧密结合，通过以全球胜任力主题为核心的课程设计，达成经验的整合、知识的整合和社会的整合。

通过实践研究，我们认为课程整合的思想是全面发展教育理念在课程内容结构调整中的反映，是学生全球胜任力培养最为重要的思想之一。其关注的焦点在于整合以儿童经验为代表的生活世界和以学科知识为代表的科学世

---

① 刘新平. 基于课程整合的校本课程开发 [J]. 中国教育学刊, 2014（5）: 73-75.

界，让学生完整地认识和把握世界，实现和谐发展，积累全球素养。

二、注重课程实施的创新

课程实施是课程变革的关键环节，课程实施取向是指对课程实施过程本质的不同认识以及支配这些认识相对应的课程价值观。课程实施取向集中体现在对课程计划和课程实施过程之关系的不同认识之上。根据美国课程学家斯奈德（J. Snyder）等人的研究，课程实施有三个基本取向，即"忠实取向""相互适应取向"和"课程创生取向"。不同的课程实施取向各有其价值，但要在现有教育体系下推进全球胜任力培养的课程教学改革，就要充分利用课程变革赋予学校的权力空间，推动课程改革的校本性重构；就必须放大课程实施创生取向的价值，通过教学手段、理念、方法等的不断改革创新，彰显学校在全面育人导向下的课程和教学变革设计与思考过程中的独特价值。

课程创生取向认为，课程知识不是一件产品或一个事件，而是"一个不断前进的过程"。这里，课程知识是种"人格的建构"。人的心灵被视为需要点燃的火炬，而不是由外部的专家用知识来填充的容器。因此，外部设计的课程被视为教师用于创生课程的一个资源，只有当这个资源有益于课堂中教与学的"不断前进的过程"时，它才有意义。具体情境的课程知识是经由教师和学生深思熟虑的审议活动而获得的。尽管教师可能利用外部设计的课程，并有可能从外部专家处获益，但真正创生课程并赋予课程以意义的还是教师及其学生。教师和学生主要不是课程知识的接受者，而是课程知识的创造者。

课程变革是教师和学生个性的成长与发展过程——思维和行为上的变化，而不是一套设计和实施新课程的组织程序。课程变革包含"真正的重构"：人的思维、感情、价值观都必须变革，而不只是变革课程内容和资源。因此，成功的课程实施需要接受课程变革参与者的主体性，并给予充分理解。

课程创生取向还认为，教师的角色是课程开发者。教师连同其学生成为建构积极的教育经验的主体。课程创生的过程即是教师和学生持续成长的过程。如果人的心灵是一支需要点燃的火炬，那么课程专家就是教师的教师——他们点燃了教师的心灵之炬，教师再用其心灵之炬点燃学生的心灵，从而共同汇成熊熊的智慧之焰[1]。

毋庸置疑的是，课程的创生取向把课程变革、课程实施视为具体实践情境中教师与学生创造和开发自己课程的过程，视为教师和学生个性成长与完善的过程，这一取向保障了师生的课程权利，也为实践领域之中课程实施方式、路径的创新提供了可能。对于学生全球胜任力的培养而言，这是一个新的命题，但是并不意味着原有课程体系、教学体系的推倒重来，要真正培养学生的全球胜任力，就需要教师坚持课程创生的取向，一方面能够整合学校内外的课程资源，围绕学生全球胜任力的培养开发设计新的课程内容和课程样式，另一方面，更为重要的是，要充分考虑在现有的课程与教学体系下，应该如何通过实施方式的创新更好地挖掘现有课程与教学的全球胜任力培养价值，建构起教学与学生全球胜任力的内在联系。

三、注重运用主题式学习

主题式学习是学生围绕主题进行学习的一种学习方式，它打破了学科的界限，能让学生在跨学科、综合化的学习过程中实现学科知识有意义的链接。在操作层面，主题式学习与传统教学最大的区别在于学习的组织形式发生根本性改变，主题式学习更加注重学习的综合化、主题化和个性化，它对学生的学习过程更加强调"做中学"，强调对学生核心素养和关键能力的培养，因此，它的应用将会极大地促进学生学习方式的变革。通常而言，这一学习过程重点要关注四个节点，一是学习主题的确立，这事关学习整个过程的方向和效度，如果只是人为地为学生设置一个学习主题，很多时候往往不能达到预期的学习效果。二是学习的组织，采用怎样的组织方式，对学生来讲意义完全不同，在主题式学习中，学生更希望自己是学习的主人，能够自行选择学习的组织方式。三是学习过程中的策略与方法的运用。四是学习成果评价[2]。这四个

---

① 张华. 课程与教学论 [M]. 上海：上海教育出版社，2012.

② 翁飞霞. 以主题式学习促进学习方式变革 [J]. 中国教师，2019（5）：105-107.

环节环环相扣，体现了主题式学习的价值和规范。

培养学生全球胜任力，主题是不同内容共同指向的核心问题。它是整合全球素养、儿童生活经验和学科知识，整合不同学科知识的桥梁和纽带。作为支撑学生全球素养培养的主题学习，在实践之中应注意三个方面的问题：

其一，主题的选择要与学生身心发展特征相匹配。主题的选择应该适合学生不同发展阶段和年龄体验，对于年龄较小的孩子，主题应该是具体的、关注孩子的身体发展；对于年龄稍大些的孩子，主题应该是抽象的、关注孩子的智力发展。主题的来源在层次结构上要依据学生的年龄特点和认知水平，以及德育的内在规律，由小到大，由低到高，由浅入深，由具体到抽象，从简单到深刻进行组织和开发。

其二，主题的设计，特别是问题的来源应该是广泛的。从全球胜任力培养的角度看，学习的主题最重要的来源应该有两个，一是基于我国经济社会发展的现实背景设题，二是基于国际化发展的全球背景设题。第一个方面的问题有助于培养学生的家国情怀、文化自信和责任担当，第二个方面的问题有助于培养学生的国际视野、跨文化理解和全球行动，这两个方面的问题都是全球胜任力培养所不可或缺的。

其三，主题的探究要符合学生全球胜任力发展的内在需求。一般来说，主要包括五个方面：一是全球意识，如相互依赖意识、世界一体意识、和平发展意识、环境保护意识、国际正义意识等；二是全球知识，如世界地理、世界历史、国际时事、国际语言、国际经贸等；三是全球技能，如国际理解、国际交往、批判创新、信息处理、对话合作、终身学习等；四是全球价值观，如关心地球，维护人权，尊重生命、公正和平等；五是全球行为，如参与有利于全球正义事业的行动等。通过选择当代社会的一些重要议题，让学生参与讨论。根据这些内容，我们在主题内容开发过程中，可以关注一些全球持续发生的问题的主题：环境问题的主题——酸雨、污染的趋势、雨林、废弃物处理等；社会发展的主题——科技发展的利弊、生活方式的变化、人口压力的影响等。这些主题的来源是基于全社会的背景，它为我们的主题开发提供了有益的借鉴，这些也是学生全球胜任力培养模型设计和路径开发应该借鉴的问题。

第二节
指向全球胜任力的课程与教学变革路径

教学路径和方法的创新是指向学生全球胜任力培养的课程与教学变革的核心问题。PISA2018 提出了"为全球胜任力而教"的理念，并提供了培养学生全球胜任力的可行教学方法。

（1）结构化辩论（Structured Debates）：通过让学生小组为全球议题的对立立场进行辩护，为学生提供机会，使其深入探究课题，同时锻炼其交际能力。

（2）有组织的讨论（Organized Discussions）：帮助学生学会表达个人视角，运用证据支持个人观点，为理解而倾听，遇到新的信息时愿意改变个人想法。

（3）时事学习（Learning from Current Events）：帮助学生了解世界各地的时事，以及这些时事与课堂学习的关联。

（4）游戏式学习（Learning from Play）：要求参与的学生遵守规则，团队协作，为寻求解决方案与他人合作。

（5）项目化学习（Project-based Learning）：让学生组成小组，开展专业人士在校外环境中所从事的真实项目，要求学生做出筹划，进行尊重式沟通，考虑他人视角，管控矛盾，具备适应能力。

（6）服务式学习（Service Learning）：让学生参与并反思一项惠及社区的有组织的活动，以加深对课程所学课题或视角的认知[①]。

上述教学方式，呈现了指向学生全球胜任力的教学变革的总体要求和基本范式，从这些教学方式出发，结合学校在课程与教学改革中的特色做法，就能够在实践之中生成个性化的、有效的学生全球胜任力培养策略。在开展学

---

① 经济合作与发展组织 亚洲协会 . 为全球胜任力而教——在快速变革的世界培养全球胜任力 [M]. 胡敏，郝福合，译 . 北京：北京师范大学出版社，2019.

生全球胜任力的教学探索之中，我们以全球胜任力素养指标内涵为引领，建立不同学科落实素养指标的关键抓手；以不同学科、不同课型与不同学习任务背景下学生学习方式的设计、实施、评价为指导，重视学习方式与学生概念理解、观念建构与问题解决之间的关联；进一步探索跨学科学习和技术支持下的学科学习，以形成学科教学为全球胜任力奠基的有效经验和行动路径。

一、梳理内容序列：有效渗透全球议题

理性看待和理解认识全球议题是学生全球胜任力培养的重要路径和重要标志。现代社会，全球议题的内容庞杂，涉及经济、社会、文化、人权等，传播对象广泛，既包括个人层面的全球民众、决策领导人、意见领袖，也包括组织层面的企业集团、国际组织、国际机制等[1]。但是对于小学阶段的学生而言，他们显然尚不具备直接参与和处理全球议题的能力，这一时期培养学生的全球胜任力，就是要在课程和教学的过程中主动联结全球议题的相关元素，让学生对于全球议题及其涉及的关联问题或事件有基本的体验和认知。基于不同学科的课程标准、课程内容和全球胜任力校本素养指标模型，加强关键议题与学科课程的融合，关注学科课程与非学科课程的整合，关注正式课程与非正式课程的有机融合，筛选、设计具有文化性、共通性的关键议题的课程资源序列，制定课程实施方案，建立起课程推进的序列化方案（参见表3-1），这就让原本高屋建瓴式的全球胜任力有了现实的课程与教学元素支撑，能够在日常教学中得到贯彻和落实。

表3-1 四年级第一学期语文学科的全球素养培育内容序列表

单元	课题	全球胜任力对应指标及相关要求	
		指标	具体表现
第一单元	父亲的叮嘱	C3 诚信力	尊重事实，实事求是

---

① 王敏. 联合国推动全球议题的传播渠道分析 [J]. 传播力研究, 2020（1）: 7-8.

（续表）

单元	课题	全球胜任力对应指标及相关要求	
		指标	具体表现
第二单元	留住今天的太阳	C1 责任感	懂得珍惜时间的重要
	特别的作业	B1 尊重与包容的态度	宽容、接纳、善于发现他人的优点
	守信	C3 诚信力	重承诺，讲信用
	和我们一样享受春天	A2 全球议题的认识与理解	呼吁和平
	五彩池	A2 全球议题的认识与理解	感受大自然的神奇，激发热爱大自然的美好情感
第四单元	观潮	A2 全球议题的认识与理解	了解自然界的奇特景象，感受钱塘江大潮的雄壮气势
第五单元	律师林肯	B3 问题发现与解决的能力	深入细致地进行调查，掌握渊博的知识，学习严谨的表达
第六单元	摇花船	B1 尊重与包容的态度	了解具有浓郁民间特色的艺术活动，感受人们对美好事物和美好生活的向往
	扬州茶馆	B1 尊重与包容的态度	了解中国传统饮茶风俗及饮食文化
	泼水节的怀念	B1 尊重与包容的态度	了解泼水节习俗；感受周恩来平易近人的品质
	我骄傲，我是中国人	C2 自主力	了解中国的古代文明和现代文明，感悟中国对世界文明做出的贡献，激发作为中国人的自豪感

（续表）

单元	课题	全球胜任力对应指标及相关要求	
		指标	具体表现
第七单元	太阳	A2 全球议题的认识与理解	了解太阳与地球的关系
	空气中的"流浪汉"	A2 全球议题的认识与理解	全面了解灰尘，学习减少灰尘、保护环境的方法
	大树医生	C1 责任感	提升拯救古树、保护自然、保护环境的意识
	白银仙境的悲哀	A2 全球议题的认识与理解	提升保护自然、保护人类生存空间的意识
	只有一个地球	A2 全球议题的认识与理解	增强保护环境的自觉性
第八单元	微笑着承受一切	C2 自主力	懂得一个人可以凭借惊人的毅力和不屈的精神战胜自我
	一枝白玫瑰	C4 协作力	懂得亲情的可贵、爱心的无价
	我和狮子	A2 全球议题的认识与理解	感受人与动物和平相处的和谐与奇妙
	鸟的天堂	A2 全球议题的认识与理解	感悟人与自然和谐统一的境界美，增强保护生态环境的意识

在实践中，不同学科通过结合素养指标，可以以学期为单位，挖掘主题和内容资源，来制定学科渗透的切入点，生成典型课例，形成学科教学研究的行动框架。

二、丰富课型探索：指向学生关键能力

课程是育人的基本载体，课程的价值首先体现在育人的价值，教育场域中的育人，必然需要关注学生的核心素养，指向学生发展所需要的关键能力。

20 世纪 70 年代，德国职业教育界提出了"关键能力"这一概念，意指那些与一定的专业实际技能不直接相关，但对个体生涯发展起关键作用的知识、能力和技能[①]。德国学者梅腾斯（Mertens）认为："关键能力是进入日益复杂与不可预测的世界的工具，是促进社会变革的一种策略[②]。"在英国，关键能力被认为是通用的、可迁移的能力，人们可以应用这种能力在各种情况下学习并发展自己，无论是在教育还是工作场所。也就是说，关键能力是个体终身发展必须具备的能力，包括沟通、数字运算、信息技术、与他人合作、提高自己的学习与成绩、解决问题等[③]。我国 2017 年出台的《关于深化教育体制机制改革的意见》（以下简称《意见》）就学校教育培养的关键能力从教育体制机制改革、落实立德树人根本任务的具体措施等方面进行了具体说明。《意见》对关键能力的具体内容进行了详细阐述：培养认知能力，引导学生具备独立思考、逻辑推理、信息加工、学会学习、语言表达和文字写作的素养，养成终身学习的意识和能力。培养合作能力，引导学生学会自我管理，学会与他人合作，学会过集体生活，学会处理个人与社会的关系，遵守、履行道德准则和行为规范。培养创新能力，激发学生好奇心、想象力和创新思维，养成创新人格，鼓励学生勇于探索、大胆尝试、创新创造。培养职业能力，引导学生适应社会需求，树立爱岗敬业、精益求精的职业精神，践行知行合一，积极动手实践和解决实际问题[④]。

---

① 徐朔. 论关键能力和行动导向教学——概念发展、理论基础与教学原则 [J]. 职业技术教育，2006（28）：11-14.

② 尹金金，孙志河. 关键能力的内涵、比较与反思 [J]. 中国职业技术教育，2006（34）：26-27.

③ Kelly A. The Evolution of Key Skills：Towards a Tawney Paradigm[J]. Journal of Vocational Education and Training，2001，53（1）：21-36.

④ 艾兴，王坤. "关键能力"的要义、逻辑及其培养 [J]. 课程·教材·教法，2020（1）：68-74.

关键能力概念的提出，引领了人才培养和课程教学改革的新风尚。在课程改革的过程中，对课程的理解存在的各种差异可能会影响到对课程属性的理解。不管是把课程理解为教材、学科、计划，抑或活动或经验，这都不影响课程存在的客观性。其客观性具体表现在课程的要素、结构中，比如课程目标、课程内容以及课程实施在不同时期会随着主体需要的变化而变化，但课程目标、课程内容以及课程实施始终是客观的，在一段时期内，课程的结构以及各要素呈现出相对的稳定性。因此，由教师、学生、环境、教材组成的课程也是客观的，具有一定的相对稳定性①。课程的育人、文化传承以及政治等方面的功能体现着对人、对社会的价值。课程的属性与人的需要之间是一种对应关系，其中包含着人们对学校教育的一种主观要求和主观评价，即课程价值②，而育人是这种价值最核心的体现。作为一种人才培养理念和导向的变革，全球胜任力的培养呼唤课程的创新和重塑。

我们认为，全球胜任力与学生关键能力的培养一脉相承，关键能力能够为学生全球胜任力的形成奠定基础，二者无论在培养目标上还是在培养方式上，都存在很大的一致性。通过课程类型的变革与创新，聚焦学生的关键能力的培养，能够提升学生全球胜任力培养的效能。

作为课堂教学最具操作性的教学结构和流程，新课型有助于引导教师从特殊走向一般，再从共性聚焦个性，进而提炼全球胜任力培育的有效策略。

我们研究提炼的课型主要有三类：

一是直指能力培养的新课型，比如语文的口语交际课。我们关注两个问题：其一，如何从"正确的表达"逐步走向"基于情境和角色的合理表达"；其二，如何在"一次表达"基础上开展有效的互动（也就是放大课堂的交际功能）。

案例：口语交际课"商量"

教学目标：

1. 能辨析案例，提炼商量时的注意事项。

---

① 严仲连，马云鹏.论课程价值的实现与理性选择 [J].教育理论与实践, 2010（31）: 39–43.
② 施良方.课程理论——课程的基础、原理与问题 [M].北京: 教育科学出版社, 1996.

2. 与别人商量时，能用婉转的语气说清自己的想法；被拒绝后能有礼貌地回应。

3. 能在新的情境中，与别人进行商量。

教学时间：一课时

教学过程：

一、情境启发，揭示主题

（一）图片引入，唤起共鸣

师：生活中，有没有碰到过这样的情况？

（情境1）今天是我生日，要早点儿回家，想和同学换值日的时间。

师：想要寻求帮助，该怎么办？

（情境2）家里只有一台电视机，我最爱看的动画片《小猪佩奇》要开始了，可是爸爸正在看足球比赛。

师：和别人意见不一致，又该怎么办？

学生回答，师生互动，引出话题。

（二）揭示主题

师：是啊，当我们希望得到别人帮助时，当我们与别人意见不一致，希望自己的意见被别人认可时，我们就需要和别人商量。（板书课题：商量）

二、辨析案例，提炼商量时的注意事项，模拟交际

师：需要别人帮助时，该怎样与别人商量呢？瞧，小明去找同学商量换值日的时间了。

（一）观看视频

1. 观看视频1

小明：喂，你跟我换下值日时间！

师：他这样说能成功吗？

师生交流，并引导学生提出初步的建议。

2. 结合讨论，观看视频2

小明：小丽，我想和你商量一件事情。

小丽：什么事？

小明：我想和你调换一下值日的时间，因为今天是我生日，想早一点儿回家，你看行吗？

小丽：好的。祝你生日快乐！

小明：谢谢！

师：这回结果有什么不一样？（生：他换成功了。）

对，小丽答应了他的请求，他商量成功了。

（二）辨析案例，提炼商量时的注意事项

1. 比较小明两次说的话，思考：商量时要注意什么？

2. 交流

师：现在你们就是老师，我是小明，谁来告诉我商量时要注意什么？

（出示关键词：有礼貌、语气婉转、说清商量的事情和理由、态度诚恳）

3. 教师小结

（三）创设情境1，模拟交际

1. "商量成功"的情境

师：现在请同桌的同学分角色演一演视频2中的这种商量的情况。

（1）同桌练习。

（2）邀请小组上台交流。

师：哪一组来试一试？

★ 评价指导要点：用商量的语气（称呼客气、有礼貌），说清想法（事情、理由）。

2. "商量不成功"的情境

（1）引入情境。

师：昨天，我在走廊上看到这样一种情况：小明向小红借的书到归还日期了，可小明还没看完，想让小红再借他多看几天。小明该怎么去和小红商量呢？

（2）师生模拟交际。

师：我很想演一演，哪位同学愿意和我搭档？（邀请一位男生扮演小明。）

师（表演拒绝）：小明，我很想多借你几天，可这本书是我在少儿图书馆借的，明天就到归还日期了，必须归还。不好意思哦，小明。

【预设：学生没有反应】

师：小明，听到我拒绝你，生气啦？

你能接受我的拒绝吗？那就是你能理解我，对吗？

我说了什么让你能理解我？（生：你是向图书馆借的，明天必须归还。）

师：你们听到了吗？我说清了拒绝的理由，对方更能接受。被拒绝时要有礼貌地回应，可以大大方方地说一句——"没关系"。

（3）教师小结。

师：同学们，有时出于各种原因不能答应别人的商量请求，也是很正常的结果。不过拒绝别人时要说清拒绝的理由，这样别人更容易接受。被拒绝的一方，也应该有礼貌地回应，可以说一声"没关系"。

（4）同桌练习，全班交流。

3. 小结

（四）创设情境2，模拟交际

1. 引入情境2，同桌练习

师：当与别人意见不一致时，又该怎样与别人商量呢？

看，家里只有一台电视机，我最爱看的动画片《小猪佩奇》要开始了，我想看动画片，可是爸爸正在看足球比赛。到底看什么，我和爸爸意见不一致。我该怎么和爸爸商量呢？

师：同桌的同学，一人做孩子，一人做爸爸，试试孩子怎样去和爸爸商量。

2. 师生模拟练习，相互点评

3. 小结

师：同学们，当我们与别人意见不一致时，也要用商量的语气。表达自己的意见时，把理由说清楚。当最终自己的意见没有被采纳，也要欣然接受，有礼貌地回应。

三、综合运用，模拟交际

（一）情境3

1. 引入情境3

师：晚上，小明在房间里写数学作业。哎呀，这道题可真难，他想静下心来动动脑筋，可是客厅里实在太吵，因为明天家里要来客人，妈妈急着打扫卫生，吸尘器的声音特别响；妹妹在玩游戏，唱个不停。同学们，如果你就是需要安静的小明，你会怎么和家人商量呢？

师：三人一组，分角色合作试一试。

2. 表演互动

教师邀请两位学生来共同表演。

【预设1：一个一个商量；预设2：三个人一起商量】

3. 点评

（二）情境4

1. 引入情境4

师：学校每年都会组织我们外出春游。春游时，你因为晕车，想坐靠前一点的座位。在发车前，你会怎样和同学商量呢？先自己想一想。

2. 模拟交际，练习交际成功及不成功的处理方式

四、布置任务

请你们用上今天学到的本领，以及和别人商量时的注意事项，试着和伙伴商量商量。

二是关注基于整体情境和任务驱动下的新课型，比如戏剧课、整本书阅读课、故事课等。探索基于一定的情节、背景、人物设定线索下的整合式学习与表达。

案例：绘本阅读《爷爷一定有办法》（第一课时）

教学目标：

1. 通过观察绘本的封面和封底，了解故事梗概和写作特点。

2. 通过对比，找到重复的语言，并运用重复的语言讲故事。

3. 体会约瑟和爷爷深厚的感情。

教学过程：

一、谈话导入，揭示书名

1. 谈话导入

（1）莎士比亚曾说过："书是全世界的营养品。生活里没有书籍，就好像没有阳光；智慧里没有书籍，就好像鸟儿没有翅膀。"读书对于我们每个人都非常重要。同学们，你们喜欢读什么书？

（2）学生交流自己喜欢读的书。

2. 揭示书名

师：看来许多人都爱好读书。"书籍是人类进步的阶梯。""读一本好书，就是与高尚的人对话。"今天我们来认识一本优秀的儿童绘本。（出示书名。）

（生齐读书名。）

3. 提出问题

师：读了书名，你有什么问题要问吗？

（众生回答。）

师：（点评。）你想知道这句话是谁说的。

你想知道爷爷用好办法解决了什么问题。

你对爷爷的办法是什么有疑问。

二、引导学生看封面封底，了解基本信息

1. 同学们，现在每个人的桌上都有一本绘本，迅速浏览封面上的文字（书名、作者、作者国籍、插画、译者、出版社等信息），等一下考考你们。

2. 我们都看到封面上还有幅图呢，你看到了什么？

（1）点评：是的，故事的主角就是爷爷和小男孩。

你观察到了故事发生的环境。

两个人手牵手，可见关系多么亲密。

脸上挂着笑容，心情特别开心。

（2）书中的故事就与这件外套有关。你觉得这件外套怎么样？

3. 我们已经仔仔细细看完了封面，把书翻过来，快速看看封底，封底上有什么？（图片、文字、书号、条码、价格）

4. 让我们先来看看封底的文字，一共几个自然段？（2个自然段）

（1）我们先来看第一自然段，请一位同学读一读。你知道了什么？

评：现在知道封面上的小男孩叫什么了吗？书名这句话是谁说的？

那么爷爷究竟把什么变成了什么呢？我们需要继续来读故事。

（2）阅读第二自然段，你知道了哪些信息？（这本书来源于一个民间故事，它还得过许多奖项呢！还介绍了这本书的图画的特点……）

5. 小结方法：当我们想迅速了解一本书时，我们可以关注它的封面和封底。

三、细读故事，了解"文字重复"这个特点

1. 出图，师介绍故事的第一部分。

当约瑟还是娃娃的时候，爷爷为他缝了一条奇妙的毯子……毯子又舒服、又保暖，还可以把噩梦通通赶跑。不过，约瑟渐渐长大了，奇妙的毯子也变得老旧了。有一天，妈妈对他说："约瑟，看看你的毯子，又破又旧，好难看，真该把它丢了。"约瑟说："爷爷一定有办法。"爷爷拿起了毯子，翻过来，又翻过去。"嗯……"爷爷拿起剪刀开始"咯吱、咯吱"地剪，再用针飞快地缝进、缝出、缝进、缝出。爷爷说："这块料子还够做……"……一件奇妙的外套。约瑟穿上这件奇妙的外套，开心地跑出去玩了。

（1）这幅图熟悉吗？封面上的图就来自这个片段。

（2）在第一部分的故事中，你听到了哪些人物？一下就说出了三个主要人物。发生了什么故事呢？

2. 故事的第一个片段你们已经了解了。约瑟穿着这件奇妙的外套出去玩了，故事还没结束，继续听老师讲故事。

不过，约瑟渐渐长大，奇妙的外套也变得老旧了。有一天，妈妈对他说："约瑟，看看你的外套，缩水了、变小了，一点儿也不合身，真该把它丢了！"约瑟说："爷爷一定有办法。"爷爷拿起了外套，翻过来，又翻过去。"嗯……"爷爷拿起剪刀开始"咯吱、咯吱"地剪，再用针飞快地缝进、缝出、缝进、缝出。爷爷说："这块料子还够做……"……一件奇妙的背心。第二天，约瑟穿着这件奇妙的背心去上学。

（1）与前一个片段比较，你有什么发现？

原来有些语言是一样的，这就是重复。这两个片段中还有许多重复的文字，默读，对比一下，找找重复文字。

（2）学生交流。

（3）为什么这些文字要重复呢？

（4）现在，你就是作者，你能运用这些重复的语言把故事写下去吗？

3. 爷爷真的很有办法，接着，他又把领带变成了手帕，手帕变成了纽扣。

只给你片段的开头，能选一个片段说说故事吗？同桌两人讨论一下。

4. 可是，纽扣没来得及陪约瑟一起长大。有一天，纽扣不见了，找遍了所有地方都找不着。你猜，约瑟会怎么办呢？

5. 最后究竟怎么样了呢？我们打开书，看一看。

四、教师小结

这节课，我们已经了解了这本书中重复的文字，那从哪里可以感受到其中图画的细腻呢？为什么说这本书有两个故事？仔细读完书后，你有什么发现，你还有什么困惑？请用贴标签的方式记录下来，下节课我们进行分享和交流。

三是以问题解决为导向的新课型，比如生活数学、工程探究课等。

生活数学强调基于生活情境的开放性任务，鼓励学生探索不同路径进行探究及问题解决。

案例：超市经营乐（问题解决课型）

任务：爸爸准备在新建的社区运动场旁开个超市，请你帮忙出谋划策。准备好了吗？让我们和爸爸一起来经营超市吧！

活动 1：爸爸准备首先批发价值 3000 元的饮料。想一想，需要知道哪些信息？

活动 2：根据这些信息，想一想，怎么进货比较合适，并说说你的理由。

活动 3：饮料批发来了，但每种饮料卖多少钱？想一想，在给饮料定价时，需要考虑哪些问题？

而工程探究则以生活情境为任务驱动，引导学生通过工程探究的基本范式来建构问题解决的流程。

案例：王阿姨的晾衣架（工程探究课型）

情境：王阿姨年纪大了，住在老小区的一楼，平时白天光照时间很少，晾晒衣物非常不方便。是否能够从王阿姨的居住特点出发，为她设计一个可移动的晾衣架？

任务1：思考王阿姨所需要的晾衣架应该具备怎样的特征？

任务2：结合王阿姨的需求，初步绘制晾衣架的草图，标注结构要点。

任务3：交流分享并修正方案，尝试利用已有的积木进行结构搭建。思考自己实际搭建的过程，对原先的设计草图是否进行了修改。

任务4：完成初步作品，进行风力检测，评估结构的合理性。

任务5：修正并完善作品，完成小组评估。

三、优化教学策略：有机渗透素养培育

学生全球胜任力的培养依赖于特色化的教学设计。在教学设计中，教学情境制约因素、成果预期功能和教师视角等因素相互交叉，彼此存在一定冲突，造成很大的复杂性和模糊性[1]，必须要依据教学的核心目标与任务，有效整合各类教学元素，推动教学方式变革与创新，以期更好地实现教学的预设目标。在学科教学中为全球胜任力奠基，最重要的是要能培养学生增进对议题的感知和联系，重视学生对复杂情境的理解以及问题分析和问题解决能力，重视培养学生尝试从不同的角度理解他人并开展有效的沟通互动等。因此，在案例分析的基础上，我们提炼了全球胜任力培育的课堂教学的主要策略。

（一）建立教学资源的全球联系

教学资源作为课程设计与实施的途径，其开发与有效运用是课程目标得

---

① 仇晓春. 教学设计反思的三维分析与促进策略 [J]. 全球教育展望，2013（4）：42–51.

以顺利实现的必要条件。我们可以从两个维度对教学资源的概念进行定义。广义的教学资源是指在达成课程目标过程中所涉及的各种因素，而开展教学的直接因素则是狭义的教学资源。许多学者指出，"如果制定政策时没有考虑实施政策所需的资源，且没有必要的资源，学校、教师和学生就会处于要求得不到满足的局面"①，因此，如何有效挖掘、整合和利用教学资源，这是事关教育改革发展和人才培养品质的重要基础性问题。

教学如何为全球胜任力奠基？我们认为关键思路之一就是要用全球视野丰富我们的教学设计。而引入全球性的课程资源，帮助学生将个体学习与历史坐标（或者全球议题）建立联结，并促进学习，这就是培养全球胜任力。在教学中，全球视野的课程资源形态很多，一张地图、一份数据、一个故事，都可以成为教学的结合点。

案例：数学课"可能性的大小"

课堂开始，学生围绕"足球比赛用抛硬币决定谁先开球是否公平？"的问题开展探究，学生先要自己动手抛硬币，并通过信息平台记录结果的数据，这样就形成学生个体的数据，和全班汇总的抛硬币正反面出现次数的数据。学生通过观察和比较数据，得出关于"抛硬币出现正反面次数的可能性"的初步推论。随后，教师引入一个微视频，视频中介绍了历史上多位科学家历次抛硬币实验的真实数据。通过比较，学生能够逐步归纳出"抛的次数越多，正面的次数越稳定于总次数的二分之一"，同时，通过对比自己体验抛硬币和科学家的抛硬币实验，感受科学家在科学研究中的专注、辛苦和严谨。

（二）注重情境任务的有效设计

教学中的情境是指教师有意识地根据教学需要，在课堂中营造生活场景，唤醒学生的生活经验，投身熟悉的生活瞬间，自发地进行学习的教学意境。问题情境是以培养学生的问题意识为指向，再现有利于生成问题的生活场景，引发学生的内心冲突、产生问题、激起思考、探究欲望的教学意境。以生活为场

---

① 张春利，李立群.课程资源开发的困境与对策[J].东北师大学报（哲学社会科学版），2014（5）：284-286.

景，指向思维发展的课堂离不开问题情境的作用[①]。对于培养学生的全球胜任力而言，最为核心的并非丰富学生的知识量，而是要让学生学会在真实的环境之中运用所学的知识、技能，融入全球思维解决实际问题。因而，通过情境式的任务设计，有助于为学生提供一个思考和解决真实性问题的"仿真空间"，让学生全球胜任力的培养能够紧密结合其生活实际，能够在实践领域发挥价值。

我们认为，着眼于学生全球胜任力的培养，从问题情境的设计来说，需要体现三个基本特征：

其一，生活性。即来源于学生熟悉的生活领域，这些情境能够调动学生更多的经验和体验参与，容易激发学生的参与感和思维发展，也有利于回归生活寻求问题解决的途径。

其二，开放性。鼓励学生多元思维的参与，逐步帮助学生认识到事物的复杂性、思维角度的多样性以及问题解决途径的丰富性。

其三，探究性。一眼看到底的情境，或者为了情境而情境的创设是低效的。情境需要能够激发学生进一步探究的欲望，并能够在学科学习的过程中体验探究的过程和方法，体验学以致用的价值，并丰富学生的情感认知，增强学生的行动动力。

案例：跑几步单跳双落（体育与健身学科）

一、热身阶段

把学生的课堂常规教育渗透于活动环节中。以"你们喜欢出去玩吗？"这一令每个人都兴奋的话题导入，然后，在模拟旅游途中引导学生模仿交警指挥车辆，帮老大爷、建筑工人、农民伯伯做事情，并将角色过渡到田里的小青蛙，顺势引导学生向小青蛙学本领，从各种模仿中达到热身的目的。同时，强调青蛙是大自然中的一种有益动物，突出环境保护的重要性。

二、新授阶段

教师转述："小青蛙说，你们要学习它的动作，你们要再做做辅助动作，膝关节，踝腕关节……"

---

① 帅宁华. 基于问题情境的道德与法治教学 [J]. 教育理论与实践，2020（8）：56-58.

做完这些，同学们开始模仿小青蛙的跳跃（蛙跳），顺势引出所学内容，学习小青蛙的新本领（单跳双落）。

整堂课中，紧紧扣住了故事的情和景，使情景交融，学生始终沉浸在良好的自觉、自主、能动的学习气氛中，并贯穿保护环境的重要性。

教师教授动作的要领，以学生容易接受的口诀形式进行传授。口诀是：左（右）脚踏跳，右（左）腿提，空中收腿轻落地。激发学生的学习兴趣，引发学生的思考。

分组练习前请学生表演示范，给学生一个好的标准，并给予评价，为自评与互评打下基础。练习中用变换步点、变换器材等方式提高学生的兴趣。让他们学会合作，学会沟通。

投掷游戏"消灭害虫"环节设计害虫场景："看，同学们，那边又飞来一群害虫。"从而把游戏推向了高潮。在青蛙扑害虫的情境中，让学生在体验中内化保护自然、保护环境是人类必须履行的义务。

（三）增强大概念引领下的问题链设计

在工业时代向信息时代转型的背景下，能力与素养导向的课堂变革应时而生。这一导向的课堂变革之根本在于转变教学目标，通过从教授专家结论转向培养专家思维，提升学生解决真实性问题的素养。培养学生的综合能力与素养需要形成课程与教学的"大概念"，这种"大概念"是将素养落实到具体教学中的锚点，是指反映专家思维方式的概念、观念或论题，具有生活价值。理解和运用课程与教学的大概念有助于形成具体与抽象交错的复杂认知结构，不仅可以打通跨学段、跨学科的学习，而且能解决学校教育和真实世界相阻隔的问题[①]，提升复合型人才培养的整体水平。从课程与教学"大概念"出发，为全球胜任力奠基的课堂教学关注学生对问题或现象的判断、分析或价值提炼。因此，在教学中要避免零散的碎片化的知识导致学生学习的表面化，在教学设计中，我们尝试以"大概念"引领的问题链设计为抓手。这种策略主要有三个基本要点：

---

① 刘徽．"大概念"视角下的单元整体教学构型——兼论素养导向的课堂变革 [J]. 教育研究，2020（6）：64-77.

首先，强调对"大概念"的把握，而不是对零散知识点的记忆。

其次，问题链连接所有子问题，避免问题的琐碎化，防止学生思维的碎片化。

再次，注重问题从情境出发，结论到情境中去。

案例："探秘指纹"问题链（科学与技术学科）

问题	子问题	活动	器材	目标	大概念
警察可以依靠什么抓住小偷？	为什么指纹能够作为重要的证据？	警察破案的故事	图片	创设故事情境，激发探究指纹的兴趣	
每个人的指纹一样吗？	每个人的指纹真的不一样吗？	肉眼看指纹		通过看指纹、画指纹、印指纹等活动了解每个人的指纹都是不一样的	每个人的指纹都是独一无二的
	我可以用什么方法观察证明？	用工具看指纹	放大镜		
	我可以从哪些角度辨别指纹的不同？	画指纹、印指纹	学习单、印泥		用不同的方法观察指纹，效果是不一样的
	不同的方法各有什么优缺点？				
指纹在生活中还有哪些运用？		交流指纹在生活中的运用	媒体		
人体中还有什么部分跟指纹一样独一无二？				拓展延伸	

（四）促进角色体验的换位思考

对于小学生而言，抽象的教诲或引导未必能激发学生的综合感知，尝试利用模仿、体验、实践等这些学生喜爱的方式方法，在教师的及时指导下实现其自我建构，对于提升学生的探究兴趣，激发学生主动挖掘潜能，促进学生的多视角思维，是具有非常重要的价值和意义的。其中，角色体验是有效策略。

角色体验力图让每一位学生都亲历学习过程，通过情境创设、角色互换等手段将学生内部积淀与新的学习内容联系在一起，经过加工、创造，形成新的体验，从而引领学生走进文本、走进社会、走进生活，享受实践的乐趣，构建起自己的认知体系。

案例：口语交际课"动物应聘"（语文学科）

"动物应聘"讲述的是森林里的小动物们参加招聘活动的故事。从一开场，教师就结合学校校庆的背景，装扮成动物学校学生部主任红狐狸娜娜老师，孩子们也纷纷找到自己的头饰，装扮成不同的动物。

随后，开始"猜一猜我是谁"的游戏，四个"小动物"要分别介绍自己，让其他"小动物"猜一猜他是谁。在介绍自己的过程中，"小动物们"要初步学习如何介绍自己，以及说清自身特点的重要性，为后续的应聘做必要铺垫。

在初步自我介绍的基础上，应聘表达既是重点，又是难点。应聘时不仅要介绍好自己的特点，更重要的是能够根据岗位的需要突出介绍自己对应的特点。这种表达要求对学生而言是比较高的。

随后，教师设计了模拟招聘会，共举行了三场，三场招聘会层层递进，体现了一个对学生由扶到放的过程。第一场招聘会，由娜娜老师担任主持，其他"小动物们"或做应聘者，或做"大众评审"，表达没有限制，而是基于学生的已有经验和表达基础自由表达。应聘者尝试根据岗位要求进行表达，"大众评审们"则是针对应聘者的表达进行点评和补充。在议一议、说一说、选一选、评一评中，使学生提高兴趣，敢于表达。同时，教师鼓励应聘者可以尝试不同的表达方式，也会随时通过组织学生讨论，或者主动随机指导，或者对学生表达进行针对性的指导，让学生们逐步走向规范表达。

第二场招聘会，"小动物们"能够根据表达的基本要点进行岗位应聘，这个环节是学生进行表达练习的环节，不仅要从表达要素上予以练习，更重要的是学生要通过进一步的语言加工进行合理的表达。

第三场招聘会，突出学生综合表达的要求，通过竞聘，加强竞聘岗位表达的独特性要求。同一个岗位有多名"小动物"应聘，激发学生的竞争意识与表达主动性。竞聘者要学习强调自己的独特之处，学习创造性地把应聘理由说充分。

（五）注重主题引领的跨学科教学

当前的基础教育课程改革，鼓励"探索基于学科的课程综合化教学，开展研究型、项目化、合作式学习"，重视课程与教学的"开放性、综合性"，提倡不同学科的交叉渗透和跨学科课程资源的整合。跨学科教学是指由一些有着内在联系的不同学科共同组合或融合而开展的教学活动。引入跨学科教学，可以丰富教学结构与教学过程，有利于实现育人目标[1]。为全球胜任力奠基所要关注的关键能力是学生面对复杂问题的解决的综合应用能力。因此，培育学生跨学科跨领域的理解与认知能力是课堂变革的重要导向。我们以两门或两门以上的学科教材内容联系整合为基础，提炼、整合与创设主题，加强多学科协同设计与教学实施，探索多学科互补育人价值的彰显。

案例：二年级跨学科主题教学"种黄豆"

"种黄豆"是科学与技术学科和数学学科的协同主题教学。科学与技术学科方面，教师要指导学生了解黄豆的生长周期，并了解种植与观察黄豆生长的任务要求，以寻找和记录黄豆生长的证据，其中，观察与测量是基本的方法。由此引出数学学科学习用直尺进行测量的相关方法。

在掌握数学基本方法之后，学生要去探究是否能用直尺测量的这种方法去测量黄豆不同阶段茎的长度。这时就会碰到具体问题，比如，要测量茎的长度，需要先确定测量哪一段的长度。接下来，黄豆的茎是弯曲的，如何测量？

① 王菲菲，陈爱武. 跨学科课程及其实践探索 [J]. 教育与教学研究，2020（7）：121–124.

学生在讨论对策的过程中会发现，如果用拉直茎的方法测量，可能会伤害黄豆植株，因此，需要用更加变通的方法去测量。在基于情境问题解决的过程中，发展思维的同时，也渗透生命教育的主题。

每学期，我们根据各学科教学要求，由年级部长总体负责协调，年级安排各学科负责教师，共同挖掘教材的关联点，开展具体内容的联动设计。每个主题由 2~3 个学科协同，每个年级的每个学科至少参与 2 个跨学科教学设计，并以 60 分钟大课的形式开展实施。

跨学科教学在联动实施的过程中，需要关注以下要点：

其一，关注情境的真实性。即使是模拟的情境，也要有利于学生调取生活经验，提升学生对主题的理解和挖掘，尽量做到真情境、真体验、真活动。

其二，遵循学生的德育规律。特别对于议题的理解和认知，要遵循学生"知、情、信、意、行"的规律，推动学生对感知问题、分析问题、协作行动、提升情感的实践过程。而不是简单的学科知识的叠加，不同学科内容之间的衔接需要以学生德育发展的过程为支点。

其三，关注大观念、大概念对跨学科主题教学设计的引领性作用。例如：英语和科学学科的跨学科教学主题"欣赏生命"，从学生养蚕的观察反馈这一长周期作业开始，了解动物的一生是有生命周期的；通过"小蝌蚪找妈妈"的英语故事，了解生命成长是会受到环境因素的影响而变化的；通过观看海龟等动物产卵孵化的过程，感受生命的周期还容易受到天敌的影响而中断；最后通过阅读故事，知道动物的生命还是非常顽强的。以概念串联的活动设计，让学生的学习得以层层递进，对欣赏生命的主题也有了更丰富的认识和感受。

其四，关注跨学科主题中学科内容与生活内容的有机联动，增强学科学习的指向性。例如：跨学科主题"宠物的喂养"，既结合家庭喂养宠物的经历来了解宠物喂养的基本要点，又从宠物延伸到小区里的流浪猫，进而思考对"喂养流浪猫"这一行为的分析和思考，由此将课堂延伸到课外，以小队活动观察记录和访谈的方式，开展流浪猫问题的相关的调查，并形成建议。这种联结赋予跨学科教学更重要的现实意义。

第三节
指向全球胜任力的课程与教学变革支持

教学作为学校的基础性实践活动，其质量高低直接影响着师生的身心发展，并决定着师生学校生活的质量和生存状况。在基础教育新课程改革迅速推进的背景下，中小学教学改革也受到了社会各界的高度关注。客观地说，我国近几年的教学改革出现了一些令人欣喜的变化，师生课堂生活质量较之以前有了明显的提高。但不可否认，中小学教学改革在取得一定成绩的同时，也暴露出诸多的问题。造成这些问题的原因多种多样，我们认为，其中最重要的原因就在于我们对中小学教学改革的复杂性缺乏充分的认识和准备。当前的教学改革中存在着一种简单性的思维倾向。用简单性思维看待教学改革，会导致忽视教学改革的多样性、整体性、动态性与非线性[1]，这样会对教学理论与实践造成巨大的不良影响。因此，超越简单性思维，从复杂性科学的视角反观当下的教学改革就显得具有极其重要的意义。

教学和教学改革，都是复杂的系统。宏观上讲，教学改革并不是由教育行政部门或者教学计划完全主宰的，而是在过程中由教师、学生、环境和教学计划等内部相关因素共同参与、相互作用而推进的。微观上讲，在教学改革中，知识不是靠外界灌输给学生的，而是学生在自身已有知识结构基础上有选择性、自主性地建构的，是学生通过自组织使自己的知识结构由不平衡走向平衡、由无序到有序的过程[2]。因为这种复杂性的存在，在全球胜任力导向下开展教学改革，就不能够仅仅聚焦于如何通过教学变革来培养学生全球胜任力这一单一维度的问题，而是应该通过学校课程领导力的不断提升和教学研究

---

① 周贵礼，靖国平.当前课程改革中的简单性思维：反思与超越 [J].教育导刊，2008（3）：4-7.

② 王会亭.复杂性科学视域下的中小学课堂教学改革 [J].青岛大学师范学院学报，2010（4）：20-24.

的深入开展，来为全球胜任力导向的教学改革提供源源不断的支持与保障。

一、学校整体课程领导力的持续提升

学校课程领导力指的是学校利益相关人员在课程领域，包括课程愿景、课程目标、课程内容、课程组织、课程评价等载体相互作用，实现目标的过程。学校课程领导力是权变的，是建立在课程环境、课程文化和课程约束条件下的协同能力，学校课程领导力是双向的价值观、能力和影响方式的作用结果。

古德莱德（J. Goodlad）认为"课程"应该被划分为五个层次，即五种不同的课程形态，分别为"理想的课程""正式的课程""领悟或理解的课程""运作的课程"和"经验的课程"。从课程改革的趋势来看，各个国家都在追求个性化，而从各个国家课程改革的现状而言，从理想的课程到学生经验的课程之间有较大的落差。因此，随着课程改革的深化，总体来说越来越重视课程领导[1]，重视学校和教师课程领导能力的提升。但是，从学校一线和实践的角度看，对于课程领导力建设，不应该仅仅关注课程领导要做什么，还要仔细去思考课程这种行为变革背后隐含的课程领导的本质和追求。其中，两个方面的基本理念应该得到充分的认识：

其一，课程领导力的提升必须要根植学校实践。课程领导之独特魅力源于它在实践中的价值。根植于学校的教育实践，是课程与教学改革的必然选择，也是最终归属。以校长为核心的团队对学校课程的规划、执行、建设和评价的能力，要基于实践生成，并在实践中展现和提升。学校课程领导力的有效提升，既需要外部专家的支持与帮助，又需要学校内部的实践研究者。作为实践研究者，他们对学校课程建设具有敏锐的洞察力，也具有变革的意愿和力量基础。以学校课程领导力提升为抓手，在实践过程中，凝聚各方力量，凝淀特色品牌，凝合多重资源，凝铸学校文化，"边学习、边研究、边实践，以评价引领实践，在实践中完善提升"，积极探索提升学校课程领导力的有效方法，探寻促进校长教师专业发展的有效途径，这已经成为上海的许多学校课程教学

① 金京泽. 简论学校课程领导力之上海模型 [J]. 上海课程教学研究，2019（12）：6-12.

变革的共性选择。

其二，课程领导力的提升必须要助力师生发展。课程是学校提供给学生的生长机会，是学生的全部学校生活，是学校组织的有计划有目标的活动。作为课程实施的主体，每一位教师都具有课程领导的权力和潜能。课程领导力，不仅是课程实践过程中体现出来的对课程决策、计划、组织、实施、管理、评价、完善、更新的能力，更重要的是团队成员围绕课程的相互影响力。

教师的课程领导力，是教师专业素养在教育教学实践中的综合反映。教师课程领导力是教师专业素养的重要内容，是教师专业素养在课程实践活动中的具体体现；教师课程领导力以专业素养为支撑，教师在课程实践活动中充分运用自身的专业素养来主动适应、调整、改造、建构自我和课程的关系，从而提升课程的实践品质和自身的专业自主性。具有课程领导力的教师能在学校课程发展过程中发挥专业领导的作用；能在课程实施过程中影响其他教师，并和其他教师一起促进学生的发展。

同时，教师课程领导力的提升是一项系统工作，涉及个体、团队、学校不同层面的诸多内外部因素[①]。无论是校长还是教师，在课程实践研究中，要对教师、学生产生影响，就要考虑：靠什么去影响？用何种方式去影响？如何保证影响的持续、长久、常态化？

总的来说，学校课程领导力提升是一条"以问题为导向，以需求为目标，以行动为路径"的课改之路。从提升学校课程领导力来说，以下行动策略值得借鉴：一是问题导向，聚焦热点、难点问题；二是目标建构，明确实践方向；三是持续实践，从点到面层层推进；四是精细管理，积累研究过程档案；五是评价伴随，建立目标、过程、结果之间的关联；六是经验分享，做好成果提炼、交流、展示和辐射。

2009年开始，上海市正式启动课程领导力研究。2010年，上海市教委印发了《上海市提升中小学（幼儿园）课程领导力三年行动计划（2010—2012年）》，并正式启动第一轮行动研究，时至今日，课程领导力项目已经持续到第三轮。我们上海市大宁国际小学有幸先后参与了上海市第二轮、第三轮课程

---

① 纪明泽. 提高教师课程领导的专业自主性 [J]. 现代教学，2016（Z3）：6-7.

领导力提升项目，依托项目的总体设计，我们结合学校全球胜任力培养的总体框架，依据学校课程教学改革发展的现实需要，认真仔细地厘定研究命题，深入细致地开展项目研究，一步一步扎扎实实地加深对课程领导力的理解，提升学校管理者和教师的课程领导力水平。

以第二轮课程领导力项目研究为例，我们从德育、体育、美育三个领域选择了突破性的研究项目，并推动学校在课程教学改革领域的变革。

案例："基于兴趣化的小学中高年级体育基础型课程走班教学研究"项目设计

（一）项目缘起

在数次学生调研过程中，我们发现学生普遍有"喜欢体育但不喜欢体育课"的现象。在访谈过程中，我们了解到学生对传统的以身体素质锻炼为主的体育课教学的方式普遍参与积极性不高；而同时，我们发现，历次学校学生体质监测中，身体素质表现优异的学生，往往是学校体育拓展型课程学习中表现优异的学生。比如50米跑的最高纪录的学生来自棒球队等。因此，我们设想能否在基础型课程的教学过程中引入体育项目的选择性学习，在满足学生个性化学习的同时，能有效提升学生的身体综合素质。

（二）问题思考

走班教学要真正进入课程教学的设计与实施，需要回应以下五个主要问题：

其一，走班教学需要充足的课程内容来满足学生多样化、多层次、可选择的学习需求。这些课程内容的选择依据、研发策略和评估机制要如何适应走班教学的要求。

其二，走班教学首先尊重学生的主体选择，体现学生的兴趣驱动。走班教学要建立怎样的流程机制，去激发学生的学习兴趣，培养学生学会选择，尊重学生主体选择，呵护学生兴趣在学习过程中的动态变化。

其三，走班教学以项目的多样化、多层次为基础，必然带来教学策略与评价策略的多样化、多层次，走班教学需要研究如何既要基于课程标准的要求，又要满足项目特色与学生个性成长相对应的有效教学策略与评估策略。

其四，走班教学是对课程组织方式的变革，课时从哪里来？现有的课表管理怎么调整？多元化的师资如何进行教学与组织管理？要解决配套课程需要的环境和资源如何建设等一系列保障机制问题。

其五，走班教学要促进学生体育学习兴趣的可持续性发展，就必然要从课堂走向课程，着眼于学生体育学习与体育运动的全过程。现有的体育课程体系要如何根据走班形成的多样化、多层次特色进行建设与优化，贯通从课内走向课外，从校内走向校外，适应学生发展的需求。

（三）具体设计

1. 年段和课时安排

走班教学面向全体三至五年级学生开放。走班教学采取年级内走班方式，安排统一时段进行分项目走班教学。这既方便课表管理，同时也便于项目教师合理安排时间来落实走班教学。

关于课时安排，学校在原来体育每周3课时的基础上增加1课时，并合并2课时为1个小时的大课时用于年级走班，实行2（小）+1（大）的课时新结构。

2. 课程内容管理

走班教学的前提是充分的可选择的走班项目，要满足学生多样化、多层次的体育学习需求，我们确立了三个基本原则：

第一，兴趣为先。即要通过调查问卷，了解学生体育学习项目的兴趣和倾向。

第二，品质为要。即根据调查，积极整合学校、社区的多元课程资源，以课程品质保障为前提，进行课程内容的筛选和确定。

第三，课标为本。即要在将课程内容纳入到课程标准的要求下进行选择。

学校走班教学安排参见表3-2。

表 3-2　2016 学年第一学期学校走班项目安排

项目	足球1	足球2	轮滑1	轮滑2	轮滑3	篮球	乒乓	啦啦操	武术	跆拳道	花绳	桌球
师资	外籍本校	本校	外聘	外聘	外聘	外聘	本校	外聘	外聘	外聘	外聘	外聘
人数	20	20	30	25	25	20	16	28	18	28	27	20

同时，我们也建立课程内容的淘汰机制。比如，击剑项目作为特色项目被引入，但因学期末学生满意度调查得分比较低而被淘汰，后经调查了解到主要原因是击剑项目的基础训练过多，师生关系不融洽。

3. 规范选课机制

这个问题需要考虑两个基本问题，即学生走班项目选择是否公平？以及学生自主选择能力弱怎么办？我们的对策是：

（1）加强项目体验和宣传。宣传方式包括教师或学生项目特色巡演、课程项目海报招募、部分项目开放体验等，帮助学生自主选择。

（2）研发体育项目走班选课平台，公布所有走班项目课程内容与师资情况。平台选课数据也能作为选课规则优化的依据。

（3）优化指导策略，满足学生个别化需要。特别为困难学生提供建议，并允许部分学生申请项目体验和调整。

4. 优化教学管理

走班项目学习中存在师资和项目的多样化带来的教学差异。要体现课程标准思想，规范项目走班要求，落实全面育人目标，对教学管理、教学策略与评估策略提出了挑战。

（1）加强目标统整

根据《上海市中小学体育与健身课程标准》课程总目标，我们确立身体素质、运动技能、心理发展、社会适应四个维度，以此建立项目分析框架。各走班项目要求遵照目标维度，厘清项目优势与劣势，通过活动任务设计予以落实。

（2）统整教研主题

体育教研组研制以"走、跑、跳"为主题的单元教学指南。每月向全体项目教师发布单元教学要点与活动设计要求，根据项目特点和单元重点开展相应的热身运动或者活动，作为教研的主要内容。

聚焦游戏设计，丰富学生兴趣体验。以"游戏活动设计"为主要抓手，每个走班项目结合项目特点，研制5~10个特色游戏活动，以丰富课堂教学内容。

（3）统整评价

结合学校学科评价规则，沿用"问号章""感叹号章""铅笔章"，细化评价标准，重点就学生心理发展和社会适应性发展的指标融合在日常的评价活动中，对学生开展过程性的评价与激励。

5. 夯实机制保障

（1）落实项目负责制

为确保项目管理精细化，学校推行体育教师项目负责制和年级负责制。每位体育教师对接2~3个项目，承担联络、巡查、教学内容和教学设施配套管理等职责。

（2）强调教研与评估

项目建立常态教研机制，体育教师和项目教师要经常就项目进度、学生评价、教学组织实施等问题进行及时沟通。也会聘请课程专家教师为项目教师进行分类培训，主要包括课程标准和理念培训、教材教法培训、课堂管理培训与制度规则培训等集中培训和分项目相结合的培训。

同时，为丰富实证研究，建立走班项目评估的参考依据。包括选课平台数据、学生满意度调查、学校日常视导记录等，并提高学生满意度的评估权重。

（3）加大课程环境配套

在项目实施过程中，我们关注课程软硬环境对学生体育学习兴趣的影响。从环境改造、文化熏染、空间挖掘等方面进行了改造，学校先后改造多个体育专用教室和场馆，开辟屋顶、公共空间体育环境，加强人文、历史等建设，为学生浸入式、体验式学习提供环境支持。

同时，我们制定体育场馆使用制度、体育器材借用制度，规范走班教学点名制度、走班教学安全应急预案、项目教师请假与代课预案等，逐步形成匹配预案和制度。

（四）主要成效

项目实践取得了三个方面的实际成效：

其一，项目走班机制日益完善，促进学生体育综合发展。体育项目走班实施以来，立足学生兴趣先导，走班机制经过实践检验与修正，不断完善。项目走班覆盖全校三至五年级学生，惠及近3000人次的学生参与课程学习与发展，形成了一定的规模效应。学生的自主选择第一志愿满足率达到81.5%，走班满意率达到87.1%。项目走班促进了学生体育学习兴趣的发展，增强了学生自主选择的能力，提升了学校个别化教学服务的能力。

其二，项目走班促进教师转型，提升走班项目品质内涵。通过走班项目，引入了校外体育师资，同时挖掘了校内更多有体育特长教师的潜力，有效解决了体育教师师资不足的问题，变"让我教"为"我要教"。通过教研联动和项目负责制等措施，推动项目外聘教师、外籍教师主动理解走班定位、关注教学目标、改变教学策略、落实全面育人；以足球、轮滑为基础的分级指标研制，是校内外教师共同研究的重要成果，为进一步优化走班、满足差异发展奠定基础。

其三，项目走班推动学校发展，形成校本特色品牌建设。项目走班丰富了学校体育课程体系多层次多样化的发展。学校成为上海市首批22所体育兴趣化试点学校之一，获评"上海市体育先进学校"，也是上海市棒球联盟学校、静安区台球联盟学校、静安区足球联盟学校等。足球项目带动校本教材的开发，多次在全市和长三角地区交流，展现了上海体育特色校本课程建设的经验。同时项目走班经验也逐步向学校的艺术课程、英语课程和数学课程等领域孵化，形成了校本项目走班的规模效应。

在开展课程领导力项目研究的过程中，我们深刻感受到，实践是学校课程领导力提升的根基，实践变革过程中的行动积累和理性思考是课程领导力得以提升的重要来源。很多时候，尽管我们研究中聚焦的是学校课程与教学的局部性问题，但是这种研究带给学校、师生的成长与发展却是整体性的。伴随着课程领导力项目研究的深入，我们不仅解决了一个个困扰学校改革发展的现实性问题，更为重要的是，在这一过程中，不论是作为学校管理者，还是一线教师，我们对于课程的理解、设计、执行、评价能力均有了显著的提升，我们更愿意以一种参与者、设计者和创生者的身份投入课程改革和学校整体发展的大潮之中。也就是说，我们对待课程改革的态度因为自身课程领导力水平的提升有了很大改变，这种能力的提升和态度的转变让我们以更高的水平去设计学校的课程与教学改革，也能够在解决问题的过程中更加从容和自信。这一切，都为学生全球胜任力导向的课程与教学改革乃至学校任何领域的课程与教学改革奠定了基础，提供了保障。

二、学校课程与教学研究的持续开展

教育事业的发展需要教育科研的协助。作为教育事业的重要组成部分，教育科研服务并促进教育的改革与发展，教育科研的推进方式和发展路径必须顺应教育事业发展的规律和要求。我们认为，学校的教育科研活动，往往围绕着课程、教学等实践性问题开展，它不仅是解决学校发展和教师工作中实践性问题的重要方式，也是学校课程与教学改革乃至学校整体内涵发展和品质提升的重要保障。

一方面，通过课程与教学研究，可以促进教师专业成长，提升教师的专业素养。学界普遍认为，当今时代的教育工作者要胜任教书育人工作的需要，要达成立德树人的教育根本任务，除了应该具备传统所界定的专业特性之外，还必须拥有一种"扩展的专业特性"，即有能力通过较为系统的自我研究以及对他人相关经验的研究，通过实践之中对有关理论的检验和创生，实现专业上的自我发展。基于这样的认识，各级各类教育机构的教师参与教育科研活动日益成为他们的一项常规活动，"教师成为研究者"不仅已经成为一种业界的共识，也已经成为教师实现专业成长的有效方式。从我国教育发展的总体情况看，自改革开放至今，我国各领域教师教育科研活动产生了一系列变化，主要表现为：在研究取向上，从一统走向校本；在研究目的上，从应用走向开发；在研究范式上，从定量走向定性；在研究问题上，从宏大走向具体；在研究动力上，从外推走向内发；在研究成果形式上，从单一走向多元；在研究成果运用上，从固化走向灵活①。这些转变，引导学校教育科研活动步上了一个新的台阶，也使"教师成为研究者"这一命题越来越深入人心。在教育科研活动中，教师以研究者和实践者的双重身份浸入教育现象和教育问题，在对现象与问题的分析中能够深化其教育信念，加深其教育理解，拓展其知识储备，提升其育人能力，而这些能力和素养的提升，最终都会体现在育人的质量、教学的质量之中，也能够为课程与教学改革提供支持。

另一方面，课程与教学研究能够发挥"科研强校"的价值，推动学校整体发展与品质提升。"科研兴教，科研兴校"是改革开放以来，推动现代学校建设和教育改革发展的重要经验，科研已成为教育改革发展的强大动力，是提升教育质量的手段②。基层学校、一线教师的教育科研有效地促进了教育的发展，丰富了教育科研的形式，优化了教育科研的生态。进入中国特色社会主义新时代，教育要按照"九个坚持"，解决好"培养什么人、怎么培养人、为谁培养人"的根本问题。教育部发布的《关于加强新时代教育科学研究工作的意见》明确提出，要"充分发挥地方和学校在教育科研中的实践主体作用，鼓励结合实际开展教育改革实验……探索适应新时代要求的教书育人有效方式和途径"。由此，如何立足教育实际，遵循教育规律，构建并细化德智体美劳全面培养的育人体系，落实立德树人的根本任务，成为学校教育发展的核心任务。根据党的教育方针，如何在理论指导下，在实践研究中逐步探索校本育人体系，优化校本育人机制，提升校本育人实效，这成为新时代学校教育科研的时代使命和核心任务③。

① 郑金洲.教师教育科研三十年的变迁进程[J].上海教育科研，2008（10）：13-15；27.
② 田慧生.创新管理工作，提升科研水平[J].教育研究，2017（1）：11-15.
③ 何永红.新时代学校教育科研的属性、任务和模式[J].上海教育科研，2020（2）：36-40.

大宁国际小学一贯重视教育科研工作，多年来，连续承担市级、区级多项科研项目，校本层面的探究和思考更是层出不穷。在实践中，我们明显感受到，基于实际问题的行动研究，能够有效打消教师们对于科研工作的畏难和抵触情绪，能够切实提升他们分析问题和思考问题的能力，促进教师教学与管理能力提升到一个新的境界，这些都为学校包括全球胜任力培养研究在内的相关工作奠定了基础。不仅如此，对于学生全球胜任力的培养而言，一方面，学校前期开展的很多研究，如跨学科德育的研究，为这一研究提供了很好的基础，特别是跨学科德育中的课程整合、主题活动设计、单元整体教学、实践性教学等理念与方法，与学生全球胜任力的培养有高度的契合性，能够有效地迁移和运用到全球胜任力研究之中，提升了研究的成效。科研的探索要转化为学校课程教学改革的常态，并形成可持续推动学校课程与教学改革实践的动能，也同样需要学校通过一系列物化的方式使其落地、生根、发芽。这种物化，可以是制度，可以是课程读本，可以是作业学习单，或者可以就是一张课表。

案例：为全球胜任力奠基——从一张课表说起

一、背景与思考

全球胜任力、幸福力、坚毅力是静安教育立足发达城区特征，深化教育个性化需求，所做出的核心素养区本化解读。作为一所地处大宁国际社区，致力于推动基础教育国际化的公办小学，结合办学实际与未来发展的需求，我们选择以"为全球胜任力奠基"为目标，引领学校教育发展。

综观对全球胜任力内涵描述的核心，对基础教育的启示主要体现在三点：

第一，"为全球胜任力奠基"要帮助学生筑牢知识、技能、态度和价值观四大基石；

第二，"为全球胜任力奠基"更关注学生面对真实情境或复杂问题，综合运用相关知识、技能、态度和价值观去探究并解决问题的能力培养；

第三，因为个体面对的复杂情境是不同的，"为全球胜任力奠基"更要建构学生个体的主体性，实现人生的自我导航。

基于上述认识，我们认为，为全球胜任力奠基，我们的课程行动要切切实实地面对每一个学生在校学习生活的每一天，通过学校变革，建立课程学习的"新常态"。

二、实践与反思

我们的课程行动，就从下面这张大宁国际小学课表说起。

时 间	星期一	星期二	星期三	星期四	星期五	
7:50－8:15	欢乐操场					
8:15－8:25	升国旗　广播操				8:15－8:30	大劳动、室内操
8:25－8:50	升旗仪式	行规教育	健康教育	红领巾广播	8:30－8:50	时政教育
8:50－9:25	英语	语文	英语	大科学2	大科学3	
9:35－10:10	道德与法治	体育与健身	数学	语文	9:25－10:20	社团活动
10:10－10:45	体育活动					
10:45－11:45	语文	美术	语文（口语交际）	数学	英语戏剧	
11:45－12:55	微 笑 午 间 70 分				11:45－12:30	午餐
13:00－13:35	生活数学	数学	体育与健身	道德与法治	社区实践（服务）	
13:35－13:45	眼保健操、室内操					
13:55－14:55	体育走班	大科学1	音乐	自主课堂		
15:05－15:40	写字	英语	/			

（一）优化课时——释放课程弹性

课表左侧栏是我们的课时安排，我们既有35分钟的课，又有60分钟的课，采取大小课时相结合的构成。而且60分钟大课涉及所有的基础型课程学科。

我们课程行动碰到的第一个问题，就是标准化35分钟的课时，无法充分满足变革的需求。能不能转变课时？我们经历了从两节35分钟课连排到60分钟大课的变化，从一门学科的试点进而成为所有学科的需求，并最终以课表固定下来，在释放课程弹性的问题上，我们达成了一致。

探索大小课时相结合，一方面，为教师围绕三种能力教学融合的精细化设计，甚至再造课堂流程提供了可能；另一方面，根据年段学生的身心特点，我们进行智慧处理。比如注意通过游戏活动设计、活动区域的变化、活动类型的变换，甚至引入弹性作息来调节学生的学习注意力。

（二）变革课堂——激活课程潜能

在课表中，我们看到有许多新的既熟悉又新颖的名称：生活数学、口语交际、大科学、体育走班、英语戏剧、自主课堂等，这些名称背后，体现的是学校深化教与学方式变革的探索。

1. 丰富课型研究

作为课堂教学最具操作性的教学结构和流程，新课型有助于引导教师从关注具体的课走向关注教与学的规律探索，形成培育全球胜任力的有效策略。传统课型从关注知识技能结构走向关注生活与学习的联结，交叉课型如工程探究、整本书阅读等不断丰富学生学科学习的融合，聚焦学生对问题探究过程中的综合运用能力等。口语表达课、英语戏剧课等课型则体现学习方式的转型对构建有意义学习的重要价值。

2. 跨学科教学

全球胜任力培育关注学生面对复杂问题进行综合应用解决的能力。因此，培育学生跨学科跨领域的理解与认知能力是课堂变革的重要导向。我们以学科教材内容为基础，提炼、整合与创设主题，加强学科协同设计与教学实施，探索学科互补与育人价值的彰显。每学期，由年级部长总体负责协调，年级设置各学科负责教师，挖掘教材的关联点，开展具体内容的联动设计。每个主题由 2~3 个学科协同，每个年级的每个学科至少参与 2 个跨学科教学设计，并以 60 分钟大课的形式开展实施。

3. 自主导向的学习

全球胜任力培育特别关注学生主体性的建构。我们的课堂变革要努力让学生更好地了解"我的优势和劣势是什么？""我的兴趣在哪里？""我该如何规划和管理自己的学习？"从体育走班到艺术走班，课表里的这样一种变革，体现的是尊重学生学习的主体性和选择性，更看中的是学生能够在自我选择和自主学习的基础上，更好地规划和分析自己的潜能和优势，并敢于挑战自己的弱势。

（三）延展课堂——扩展课程张力

午休时间是时段最长、学生最自由的自主活动时间，也是矛盾、冲突多发的时段。所以，它具有丰富而真实的教育价值。

全球胜任力培育学生的主体意识，不仅是承认和尊重学生的个性，也需要通过各种关系的相互影响，通过社会化交往，引导学生更好地实现自我导航。生活即课程，所以，我们赋予午休时间课程设计的意义，称为"微笑午间70分"。

"微笑午间70分"从11：45至12：55，包含两项主要安排：午餐、自主活动。

午餐，蕴含学生对规则和交往的实践与内化。从进入餐厅开始，学生就要沿着公共标志进行排队、领餐和就餐。中餐和西餐，选择哪个套餐？选择哪些同学一起就餐？和陌生的同学一起用餐该如何开启合适的话题？是否能遵守教师、家长和学生志愿者的引导？归还餐盘是否能够对服务的食堂工作人员致谢？养成教育的引导和学生是否内化是有区别的，这些区别在引导学生自我反思的同时，也成为养成教育鲜活的教学内容。

自主活动，是以学生自我需求为导向的自组织活动。活动地点散布在校园的多个功能区域。学生根据活动菜单，自主选择、自主体验、自我管理，体现着学生真实情境驱动下的自我导航。除了有组织的活动，学生还可以在公共空间选择更多的自由活动。有自由活动，就有规则、有交往、有冲突，有问题解决的需求，也就有学生自我认知、学以致用、自我导航的空间。

小小的一张课表，是学校"为全球胜任力奠基"推动课程与教学全面深化改革的缩影。课表代表的是从尝试走向常态，从个体走向共识的过程，课表也是学校致力于推动课程领导和凝结教师智慧的结晶。其背后，是学校探索学生全球胜任力培养的决心和魄力。

另一方面，因为有了教师教育科研能力的提升，我们在开展学生全球胜任力培养这一整体性课题的研究过程中，得以围绕这个课题，积极构建了不同学科、不同领域探索"为全球胜任力而教"的系列子课题，如数学学科"提升小学高年段学生几何思维水平的教学方式优化研究"、语文学科"小学低段口语交际'任务包'的设计与应用研究"、道德与法治学科"大观念引领下单元任务链设计与实践研究——以四、五年级单元设计为例"、科学学科"培养学生创新实践能力的实验探究方式优化研究"、德育课题"小学校园非正式学习时空内容优化和运作创新研究"、英语学科"指向学生深度学习的英语学科思维导图的设计与实施研究"等，并在此基础上形成教师个体的研究课题群。通过构建和推进"为全球胜任力而教"的课题群研究，不仅积累了丰富的研究成果，为项目的整体推进和完成提供了很大帮助，也让全球胜任力的理念通过这种子课题的研究浸润到学校课程与教学改革的角角落落，成为引领学校新一轮变革与发展的重要理念与思想。

案例：上海市大宁国际小学循证实践方案（低段口语交际）

主题名称	小学低段口语交际"任务包"的设计与应用研究
实践领域	☑学科教学类 □学生成长类 □学校管理类 □其他（注明）＿＿＿
所在团队	□教研组　　□年级组　　☑项目组　　□其他（注明）＿＿＿
实践周期	□一学期　　☑一学年　　□其他（注明）＿＿＿
实践对象	本次循证研究指向于小学语文低段口语交际，针对教师教学意识和核心活动设计、学生主体意愿和能力发展开展循证分析。
选题分析	首先，口语交际体现人的语言发展能力，是现代公民的必备能力。我国小学语文课程标准《义务教育课程标准（2019）》指出口语交际能力是语文课程要培养的能力之一。《课程标准》总目标中也对口语交际教学提出了相应要求，即要使学生"具有日常口语交际的基本能力，学会倾听、表达与交流，初步学会文明地进行人际沟通和社会交往"。 　　其次，部编版语文教材中，口语交际不再从属于教材的课后练习或作为"语文园地"中的一项内容，而是首次以一个独立的学习项目在语文课程中出现，可见口语交际教学越来越获得重视。 　　最后，目前口语交际教学存在的主要问题是缺少真实意义上的"交际"学习：学习内容上以口语表达为主，交互性不强；功能定位上偏向于交际礼仪，学生表达的观点和看法不够；学习活动形式比较单一，缺少真实交互情境的创设；评价方式不够多元等。笔

（续表）

选题分析	者通过检索文献资料寻求解决方案，诸多一线教师、专家学者就以上问题提供了解决策略，但大多难以在教学中得以应用。因此，本研究试图结合教学实践，进行口语交际学习活动任务包的设计与应用，开发学习活动资源，提升口语交际课堂的教学质量。
实践目标	基于目前口语交际教学存在的问题，本研究的行动目标为设计开发小学低段口语交际任务包，为教师提供授课资源，丰富口语交际课堂活动。在任务包中，本研究将设计小学低段口语交际的核心课堂活动，为学生创设相对真实的交际环境。同时，本研究也将收集多媒体资料、影像资料、任务单等，形成丰富的教学资源。
前端证据	本研究将前端证据分为四类：政策标准类、学术理论类、现有基础类、实践经验类。政策标准类证据，通过对比我国及英国、美国等国家课程标准中关于口语交际的描述，明确了口语交际教学的重要性。学术理论类证据，通过在中国知网检索"口语交际""小学语文""任务包"等关键词，我们共收集了 21 篇文献资料，这些文献资料帮助本研究梳理了一线教师及专家学者在口语交际教学及研究中发现的问题及相应的解决策略。现有基础及实践经验类证据，则让本研究立足师情、学情，进一步证明了本研究的必要性与可行性。具体内容见以下表格：

证据类型	证据来源	证据内容	证据用途
政策标准类	《全日制义务教育语文课程标准（2011 年版）》《英国新修订的英语国家课程框架探析》《中美小学语文课程标准的比较研究》	口语交际的重要性；口语交际在中国及英国、美国的国家课程标准中的定位及目标，明确了口语交际教学的重要性；我国小学低段口语交际重礼仪教育，少观点输出	选题原因；"口语交际"概念的界定

（续表）

	证据类型	证据来源	证据内容	证据用途
前端证据	学术理论类	专题资源库（中国知网）	口语交际教学存在的问题及解决策略：口语交际需增强学生的主体意识，重视交际能力的培养；创设贴近生活的口语交际情境；丰富口语交际训练形式及评价方式	理论依据，理论指导；核心活动的设计；丰富评价方式
	实践经验类	口语交际评价单、嘉年华口语测试单	班级中学生的个性不同，口语交际能力参差不齐，口语交际评价单不能满足评价需求	选题原因；检验和完善任务包的设计及评估
	现有基础类	教师访谈、学生问卷调查	教师对于口语交际课怎么上、如何评价与点拨学生的表达尚没有清晰的认识；学生也不明确口语交际课要学什么，达到怎样的标准	选题原因；行动目标

（续表）

举措要点	基于目前口语交际教学的现状，我们拟设计开发小学低段口语交际任务包。 一、开发设计"任务包" "任务包"主要包括核心活动方案、学习活动单、多元学习资源以及活动量规。通过核心活动的设计，指导学生在活动中借助学习工具来达成活动目标，并通过评价量表来进行检测和反馈。 1. 设计以交际为指向的核心活动 针对口语交际学习活动设计偏向于表达而缺乏交互性，根据教材提供的学习内容，以促进交际为指向，设计核心活动。核心活动包含任务设置、任务的目标和交互情境的创设。以有效情境的创设，激发学生交际需求，提升学生深层主动交际的意识和意愿。 2. 设计推动深层交互的学习活动单 针对口语交际学习活动须增强交互性的问题，关注核心活动实施过程中的组织方式——多形式小组活动，尝试开发学习活动单。学习活动单可以是提供学生参与交际活动的准备支撑，如呈现可以运用的词句、图片以及思维路径图等，可以是学生交际互动活动所要达到的目标以及供选择的方法策略，可以是学生以小组合作形式共同参与活动的任务表。通过学习活动单推动学生有效参与互动。 3. 开发促进交际互动的多元学习资源 针对口语交际学习活动资源的缺乏，教学实践难以形成长效机制以达成目标的问题，开发多元学习活动资源。学习活动资源包含多媒体影像资料、学生学习展示平台，以及由教材提供的阅读材料中挖掘的口语交际学习内容，即单元背景下阅读学习情境中的口语交际活动素材等教学资源，以此帮助学生能高频次、多层面地开展互动，促进交际能力的提升，激发主体交际意愿。 4. 开发促进主体深层交际互动的活动评价量表 针对评价方式不够多元的问题，我们设计了活动评价量表。交际互动过程中，学生随互动推进，在"听者""交流者"甚或是"组织协调者"的多角色中进行转换。有思辨地听，有目的地交流，有策略地组织协调，每一项活动都需要学生深层地投入，有思考地参与。量表设计用以检测学生任务目标达成的实际情况，但更关注学生学习过程性的参与的质量。 二、探索"任务包"设计原则和应用策略 我们将以课例的形式，依托课堂实践，对"任务包"设计原则进行思考与梳理。

（续表）

举措要点	1. "任务包"的设计为学习活动目标达成服务，因此在设计的过程中，我们首先考虑其"适切性"，任务的核心活动设计及过程性评价要与教学目标高度匹配。 　　2. 由于"任务包"的应用对象为低段学习者，因此其设计应适应于低段学生的认知规律。学习活动单的设计应考虑其图文并茂的"可视性"。 　　3. "任务包"的设计旨在促进学习的"交互"，因此我们会更关注核心任务情境创设、活动组织形式、师生互动（提问与应答）策略对于学生形成互动的"交际性"作用。 　　三、设计评估量规检测教学实效的变化，形成循证机制 　　我们将根据"任务包"的四大板块即核心活动、学习活动单、学习资源和学习活动评价，从师、生与媒介三个角度进行1.0版"任务包"设计与应用有效性的评价量规设计。 　　对于教师的核心活动设计、活动中提问设计、活动组织策略选择，以及学习活动单对交际活动的支撑作用、个性化学习和促进合作交流的作用，设计具体的评估量规，来检测任务设置趋向性以及对提升学生口语交际能力的有效性；对学习资源的开发设计，则从媒介对学生口语交际学习的延伸性以及对学生交际意愿的激发作评价；对于学生的任务目标达成度，我们会通过课堂观察、设置语文综合活动进行表现性评价，来判断"任务包"对提升学生口语交际素养的有效性。 　　通过设计量规，以检测"任务包"对提升学生交际意愿、交际能力带来的改变。搜集相关数据与案例，进行分析，从而总结归纳出有效的做法，进行二次调整。
过程安排	1. 准备阶段 　　（1）理论学习 　　（2）文献搜索资料调研 　　（3）拟定循证研究计划 　　2. 实验研究阶段 　　（1）拟确立实验班、比照班，启动实验 　　（2）启动常规研究活动 　　① 每周一次研讨，交流"任务包"设计与修正。 　　② 每两周一次研讨课。 　　③ 每阶段形成两份课例资料包。 　　（3）第一阶段：阶段性实践 　　① 前端数据搜集。

（续表）

过程安排	② 设计第一、第二个课例"任务包"及评价量规。 ③ 进行课堂观察，对表现性评价进行数据汇总。 ④ 对"任务包"设计、应用形成调整措施。 （4）第二阶段：阶段性实践与总结 ① 设计第三、第四个课例"任务包"以及修订评价量规。 ② 进行课堂观察，对表现性评价进行数据汇总。 ③ 对"任务包"设计、应用形成调整措施。 ④ 对实验班与比照班进行数据、案例分析，梳理经验。 （5）第三阶段：阶段性实证与总结 ① 设计第五、第六个课例"任务包"。 ② 进行课堂观察，表现性评价搜集汇总数据。 ③ 对"任务包"设计、应用形成调整措施。 ④ 对实验班与比照班进行数据、案例分析，梳理经验。 （6）总结阶段 整理相关数据、课例资料等，完成循证案例撰写。

效果证据

借助口语交际"任务包"，培养低年级学生口语交际的能力，提升交际的主动性和积极性。

效果指向	检核方式	搜集设想	证据类型
提高学生口语交际的能力	语文综合活动中的学生能力检测	实验班与比照班成绩的对照与分析	量化数据
提升学生口语交际的意识和意愿	课堂活动学生观察量表	实验班与比照班学生课堂表现的对照与分析	量化数据
优化口语交际教学"核心活动"的设计	课堂评价量表	对同一个"核心活动"的不断优化与分析	质性证据
提高教师口语交际教学的能力	教师访谈	对于实验班的教师进行个案访谈	质性证据

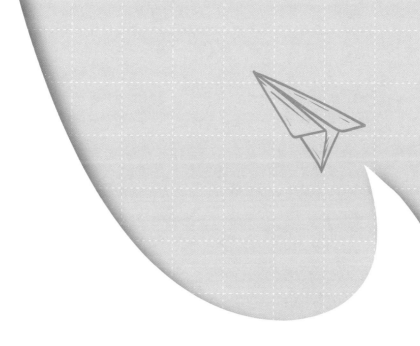

第四章

在具身体验中濡润内涵：
学生全球胜任力培养的实践活动

在当下的基础教育课程改革中,综合实践活动课程作为一种独特的课程类型越来越受到重视,其所传递和达成的教育价值也越来越得到认可。任何课程改革,只有从儿童的生存状态出发,才是道德的;如果仅从某种社会需要出发,漠视儿童的生存状态,那就是工具化的或不道德的,终究会被儿童所抵制、抛弃。综合实践活动课程试图解决的问题是体现生活世界对学生发展的价值,试图追求的意义是帮助学生在反思、体验生活中学会生活、热爱生活。因此,在基础教育课程体系中设置综合实践活动不是权宜之计,而是永恒课题[①]。

从概念上说,综合实践活动是指一种以学生的兴趣和直接经验为基础,以学生学习生活和社会生活密切相关的各类现实性、综合性、实践性问题为内容,以研究性学习为主导学习方式,以培养学生的创新精神和实践能力及体现对知识的综合运用为主要目的的实践性课程模式。它强调以学生的亲历为主,鼓励学生超越学科的逻辑体系,转变学习方式,综合运用学科知识,自主选择探究课题,发现问题,培养其创新精神和实践能力,增强学生的社会责任感,满足其个性发展的需要,树立正确的人生观、价值观、世界观[②]。由此可见,综合实践活动课程不同于学科课程和活动课程,它蕴含着更加深层次的目标和要求,对于学生综合素养和实践能力的锻炼有着重要的价值。

从学生全球胜任力的培养看,全球胜任力不是一种单一维度的能力与素养,也不是一种静态的知识或者技能,它强调在真实的环境中运用国际化视野和思维创造性地理解和解决实际问题,这一属性和要求与综合实践活动课程的价值有着非常深度的契合。因此,在推动学生全球胜任力的培养过程中,不能仅靠学科教学的变革,还应该充分发挥活动课程的价值,特别是依托综合实践活动课程改革,通过特色化的活动为学生提升全球胜任力提供更多的真实性环境,让学生的全球胜任力真正成为一种看得见、摸得着,并且在实践领域能够发挥价值的综合能力。

① 张华. 综合实践活动课程的问题与意义 [J]. 教育发展研究, 2005(1): 34-37.

② 李才俊. 综合实践活动课程的实施与学生学习方式的转变 [J]. 课程·教材·教法, 2007(10): 14-18.

第一节
学生全球胜任力培养的实践活动原则

活动与人的生命成长相生相伴，而作为课程和教学方式的活动，不同于一般的人类活动。从课程设计与组织线索看，学科课程是以科学知识以类划分所形成的学科为界限来组织课程内容的，学科中的知识间的逻辑是课程组织的最高原则，知识的准确、有效获得是课程实施的价值追求，学科知识是课程组织的核心，教学过程崇尚的是学科体系的严密性与学术性[①]。与学科课程相比，教育领域中的实践活动课程的价值追求主要不是学术性取向的，而是以创造性自我探索、体验和表现为价值志趣和取向的[②]。也就是说，综合实践活动课程组织的核心不是学科知识，而是人，推动人的全面成长与发展是实践活动课程的最终价值指向。从这一基本理念出发，我们认为指向于学生全球胜任力培养的实践活动应该坚持以下几个方面的基本原则。

一、坚持活动的教育性

被纳入教育领域的任何活动，首先应该秉持教育性的基本原则，也就是说，任何形式的实践活动，其目的都应该围绕学生的成长与发展，都应该为学生更好地成长发展提供支持与服务。

一方面，从教育的角度来说，教育学全部理论的基本出发点在于人的可塑性（可教性）。人的物质形态、器官及其生理构造和机能是非特定化的，具有极大的可塑性和广泛的适应性。正是由于人的未完成性赋予人以可塑性，教育才有可能和必要。卢梭（Jean-Jacques Rousseau）说："我们生来是软弱的，所以我们需要力量；我们生来是一无所有的，所以我们需要帮助；我们生来是

① 赵书超.综合实践活动课程：理念与价值 [J]. 全球教育展望，2011（9）：19-24.
② 张华，仲建维.综合实践活动课程设计框架研究 [J]. 全球教育展望，2008（2）：35-41.

愚昧的，所以需要判断的能力。我们在出生的时候所没有的东西，我们在长大的时候所需要的东西，全都要由教育赐予我们。"教育因而成为人的存在方式并实现着"生命再生产"[①]，具有了使人向善的价值意蕴[②]，任何学校活动都应该围绕教育价值的实现来组织和开展。

另一方面，从活动的角度看，活动是人的存在方式，与生命的成长相伴始终，这些纷繁复杂的活动，有的是随机的，有的是经过精心设计的。作为教育体系之中的经过系统设计的活动不应该是盲目的、随意的，而应该是体现着设计者对于学生成长发展的某种期望，承载着促进学生某一方面或者某几方面能力与素养提升的价值。在活动之中，学生的眼界可以得到开阔，交流合作能力能够得到拓展，对于外部世界的认知与体验能够得到深化，这些都是活动对于教育的价值。

培养学生的全球胜任力是一种有目的、有意识的活动，尽管从广义上说，任何活动，只要参与，都会或多或少地对学生的成长有所影响，但是，被纳入全球胜任力培养体系的学生活动必然是经过精心设计的，是围绕核心目标并能够在实践中发挥重要影响的。这也就意味着，全球胜任力培养所依赖的学生实践活动，应该是经过系统设计的活动，不是简单的唱唱跳跳、走走看看，而是要让学生真正沉浸在其中，真正感受到成长，真正发挥出活动的教育价值。

二、坚持活动的全纳性

教育公平是当今世界各国努力追求的目标之一。关注教育公平问题，倡导教育公平，就是希望教育能够朝着教育公平的目标发展，最终达到基本的、应有的教育公平。

在追求教育公平的过程中，"全纳教育"的理念是近年来颇受关注的一种新型教育理念。联合国教科文组织这样定义全纳教育：全纳教育基于所有学习者都接受优质教育的权利，以满足基本学习需要，使生活充实。全纳教育特

① 吴志宏. 教育行政学 [M]. 北京：人民教育出版社，2000.

② 周元宽，葛金国. 学校管理教育性的回归：制度设计与路径选择 [J]. 中国教育学刊，2014（5）：53-56；65.

别关注那些易受伤害和被边缘化的群体，力求充分发展所有个体的潜能。优质全纳教育的最终目标是消除一切形式的歧视，培养社会凝聚力。近年来，随着教育领域对于全纳教育研究与理解的日渐深入，全纳教育作为一种追求教育公平，实现教育"面向人人"的价值取向越来越得到认可。全纳教育的基本理念之一是：受教育权是一种基本的人权，也是建设更加公正的社会的基础。这一基本的教育理念强调的是人人具有受教育的权利，普通学校应接纳所有儿童入学，并通过适当的方式为他们提供所需的教育①。

从全纳教育的概念和理念引申开来，教育活动的任何设计都应该充分观照每一个孩子的实际情况，应该做到尽可能促进所有学生的全面发展。从这个角度出发去思考学生全球胜任力的培养，我们认为，全球胜任力不是某一部分"精英"学生所独享的特殊才能，而是每一个孩子经过相应的训练和体验都能够积累形成的普遍性素养。因此，在设计指向于学生全球胜任力培养的各类活动之时，我们应该坚持全纳教育的理念，让活动的组织和开展面向每一个学生，让每一个学生都能够参与到不同的活动之中，并实现基于其个人实际的成长与发展。从另外一个角度来说，追求关注公平、增进彼此尊重和相互理解、消弭歧视，以及面向每一个学生开放的活动设计，其本身也恰恰是全球胜任力培养所应聚焦的核心命题之一。

三、坚持活动的实践性

学生的全球胜任力归根结底表现为一种真实或者仿真环境下的运用自身能力与知识探索和解决问题的综合实践能力，因此，围绕学生全球胜任力组织开展活动，其基本价值不在于增长学生的知识，而是锻炼学生主动发现问题、思考问题并用创造性的方法解决问题的实践能力。一般而言，指向于学生全球胜任力的活动是以主题活动的形式开展，任何一个活动主题都必须保证学生对活动和与活动主题有关的事物、现象的科学认识，引导学生在开放的实践学习中自主获得新知识。当然，开展实践活动并非以获得体系化的知识为首

---

① 黄志成.教育公平：全纳教育的基本理念探析[J].比较教育研究，2010（9）：53-57.

要目的，更重要的是培养学生以下的实际能力。

一是收集、分析、利用信息的能力。实践活动课程的实施通常围绕一个需要解决的实际问题展开，但解决这一问题所需的各种数据资料、事实事例，都靠学生自己去寻找、查阅、选择、摘录和分析，通过这些途径获取信息，学生学会整理与归纳信息，并恰当地利用信息，以培养收集、分析和利用信息的能力。

二是发现问题和解决问题的能力。实践活动通过引导和鼓励学生自主地发现和提出问题，设计解决问题的方案，收集和分析资料，调查研究，得出结论并进行成果交流活动。通过这些活动，学习和掌握一些科学的研究方法，以培养发现问题和解决问题的能力。

三是合作与社会交往能力。合作的意识和能力，是现代人所应具备的基本素质。学生要在学习过程中学会合作，在合作中协调人际关系，处理好个人与集体的关系，在合作中体验、分享合作的乐趣。社会交往能力是社会交往的过程中形成和发展起来的，较之其他课程，实践活动可为学生交往提供充分的机会和多样的社会实践环境，在实践活动实施过程中，师生之间、生生之间、师生与其他社会成员之间的交流机会较多，学生逐步学会与人沟通、合作的技巧，交往能力也随之提高[1]。

基于这样的认识，在指向学生全球胜任力培养的实践活动之中，从问题的设计到场景的塑造，我们都充分结合学生的生活体验和成长需要展开，试图为学生提供一个真正能够主动思考、主动探究和解决问题的真实性环境，让学生的综合能力，特别是解决问题的实践能力真正得到锻炼，这实际上正是学生全球胜任力培养的重要价值指向。

四、坚持活动的趣味性

学生的学习兴趣与其学习效率的关系一直是教育心理学研究的热点问题。

---

[1] 李才俊．综合实践活动课程的实施与学生学习方式的转变 [J]．课程·教材·教法，2007（10）：14-18.

现有的对学习兴趣影响因素的分析，已经为我们提供了许多可以用于激发和培养学生学习兴趣的具体策略。在教育实践活动之中，激发学生学习兴趣的最终目的就在于在激发起的情境兴趣中，找寻那些与学生个体特征（或者家庭教育背景，或者先前的兴趣与知识积累等）相适应的情境兴趣，在维持此种情境兴趣的过程中，促使学生在学习活动中自发地显现出对某一／某些主题或学科的主题兴趣，并在更多相类似的学习活动中最终转变成为个体兴趣，进而提升学生参与学习的热情和成效。

目前，尽管课程与教学改革已经开展了多年，课堂与教学的样态也在不断重构之中，但是学校教育教学过程中对于学生兴趣的激发和调动依然显得比较"无力"，甚至有学校教育在激发学生学习兴趣的过程中扮演了"扼杀者"角色这样的研究结论[1]。基于此，如何通过课程与教学内容和方式的不断创新，提升教育活动的趣味性，需要教育工作者不断地思考和探索。

我们认为，学生全球胜任力的培养是一种基于学生整体成长需要的创造性设计，其开展与实施不能背离学生的日常学习和发展，更不能给学生增加额外的负担。因此，在活动的开展中通过趣味性的设计让学生乐于参与、收获成长，这是开展活动的重要原则。从这个思考出发，指向学生全球胜任力培养的实践活动课程主张以学生现实生活、社会生活为教学主要内容，并以此组织专题、问题、课题、话题进行研究、探讨、教授、学习，所以课程教学内容呈现专题性、问题性和生活性。这一模式下生成的实践活动课程的内容贴近学生实际、社会实际、学校实际、乡土实际，所以能引发学生主动发现、研究和解决问题，因而有利于学生形成问题意识和探究思想[2]，同时也能够确保活动的趣味性，提升学生的参与感。

五、坚持活动的序列性

任何形式的教育活动都需要经受"有效性"的考问。提高教学有效性问题

① 涂阳军. 论学习兴趣的养成：对西方近二十年来学习兴趣研究的反思 [J]. 江苏高教，2013（1）：38-40.

② 彭小明. 论"综合实践活动课程"的基本特征 [J]. 社会科学战线，2007（6）：292-294.

的研究不能停留在口号层面，而是需要我们一线教育工作者切实地在课堂教学实践中努力摸索提高教学有效性的一般规律。其中一个首要的问题是，教育工作不同于任何其他工作，其工作对象是活生生的人，任何教育行为只有在符合人的认知规律的情况下才能是有效的①，这也就意味着任何形式的教育活动都要认识和尊重学生的成长与发展规律。对于小学生而言，一方面，他们认识世界、认识问题的能力是相对有限的，另一方面，他们的能力与素质随着年龄的增长而不断扩展的趋势是非常明显的。这两种基本规律的存在，意味着在培养学生全球胜任力的过程中应该对活动的内容序列进行科学化的设计，杜绝活动中的随意性行为。活动设计需要有一定范畴，从我与自我、我与他人、我与社会的范畴进行总体设计，而且每一个学段、年级在活动的内容和要求上应该体现出差异性和递进性。只有如此，才能保证我们培养学生全球胜任力的活动既充分围绕主题，又充分观照每一个孩子的成长规律。

---

① 杨俊林. 把握学生的认知规律，提高数学课堂教学的有效性 [J]. 教育理论与实践，2011（23）：59–60.

第二节
学生全球胜任力培养的实践活动设计

相比较于传统的学科课程，实践活动类课程超越了传统的课程教学制度、学科、课堂、评分的束缚，使学生置身于活生生现实的或虚拟现实的学习环境之中，综合地习得现实社会及未来世界所需要的知识、能力和态度[①]，这对于学生综合能力与素质的提升具有重要价值。综合实践活动不同于一般的学科教学，没有相应的课程标准，选择适宜的活动主题事关活动的质量和效果[②]。实践活动课程的主题来源于自然、社会与自我三个基本维度，但是在具体的实践中往往又相互交织、重叠，因此，更加需要学校围绕统一的人才培养目标进行科学设计。

为了更好地培养学生的全球胜任力，大宁国际小学围绕学校原有的综合实践活动体系，对活动的内容和方式进行了重新整合和优化，以活动场域、活动特征为基础，形成了支持学生全球胜任力培养的三大实践活动体系。

一、校园主题活动

校园文化是学校特有的文化现象，是一所学校在长期的教育实践中创造并积淀下来的为全校师生所认同的价值观念、目标追求和行为方式[③]。作为学校具体而复杂的环境制度、精神面貌、文化氛围、行为规则的综合表现，校园文化在学生人生观、价值观、世界观形成中常常产生着潜移默化但却极为深远的影响，并表现为众多学生在这些文化的深刻影响之下逐步形成良好的道德

[①] 钟启泉. 现代课程论 [M]. 上海：上海教育出版社，2006.

[②] 杜建群，范蔚. 综合实践活动课程实施的方法论探析 [J]. 教育理论与实践，2012（2）：38-40.

[③] 宋清华. 试论校园文化育人功能的完善 [J]. 教育评论，2011（5）：63-65.

品质、学习习惯和生活习惯[①]，因而，强调校园文化的育人价值成为当下教育改革和学校治理改革的重要范畴。校园活动是校园文化的重要承载，也是为全球胜任力奠基的重要抓手。

围绕全球议题如何走入学生视野这一问题，除了开展以往学校的主题节日活动（如元宵节、中秋节、圣诞节等），更重要的是通过丰富的校园主题实践活动的挖掘，引导学生思考并理解主题背后的事实或议题，提升学生关注议题并开展适合其身心特征或年段的行动能力。我们对校园主题实践活动的形态又进行了新的丰富和拓展。

（一）"与经典对话"活动：TED 和"朗读者"

TED 和"朗读者"是语言类学科开展的全员参与的主题综合实践活动。"朗读者"活动针对一至五年级，以朗诵经典、传播文化为主；TED 活动在五年级开展，围绕相应主题，话题不限，开展以个体为单位的英语演讲。"朗读者"的内容既有经典名篇，也有现代诗歌；既有中华文化主题，又有国外名家名篇。"朗读者"既是与经典对话的过程，也是向经典致敬的过程。而 TED 活动则是根据自己感兴趣的话题，自己收集资料，设计活动环节，进行适切的演讲。每年 TED 活动的话题可谓丰富多彩，睡眠、魔术、皮影戏、京剧、科幻等主题都个性化地展现出学生个体的兴趣爱好和研究特长。还有一些现实主义的演讲内容，也会通过 TED 活动传递出孩子们朴素但意义深远的人类情怀。

案例：英语 TED 演讲"那个我想去的地方"

这是学生演讲的主题，那个地方指的是叙利亚的拉卡（Ar-Raqqah）。拉卡历史悠久，见证了两河流域的兴衰，拥有丰富的名胜古迹，是叙利亚著名的旅游胜地。然而，学生一次偶然通过电视，看到曾经风景如画的拉卡如今却变成了破败不堪、人民流离失所的魔鬼城市。这种震撼驱使她去探究这种变化背后的原因，在上网搜索资料阅读之后，她才知道，是战争，给这座古城带来灾难性

---

① 杨宝元. 校园文化建设研究综述——兼议对校园文化建设关键问题的认识 [J]. 宁夏师范学院学报，2020（5）：55-61.

的破坏。古城回荡着历史的哭泣，展现着现实中这座城市里的人们在战争中妻离子散、流离失所的悲惨。这一切给了这个小朋友深深的震撼。于是，她通过搜集的图片，通过演讲，表达着对战争的控诉，表达着对和平降临的呼求，也表达着与拉卡的人们同处人类命运共同体的她能力所及的努力。

我们认为，通过语言类学科活动，让学生能够和经典对话、和名人对话、和自我对话，用语言来理解与认知世界，用语言来表达自我，这是全球胜任力的重要内容。

（二）"校园小主人"活动："垃圾减量"项目

校园、家庭、社区是学生生活最主要的三个场所，也是学生观察、积累，发现问题和解决问题的重要资源。设计与议题相关的主题探究活动，提供学生一定的工具支架和组织支持，能够帮助学生对问题的发现、思考并付诸行动，具有重要的教育价值。联结场域和议题，能够为全球胜任力奠基创设丰富的实践空间。

案例：校园"垃圾减量"项目

"垃圾减量"项目从学生日常校园生活产生的垃圾这一问题入手，让学生通过调查分析，了解当前学校垃圾处理的基本方式和存在的问题。通过多学科联动，使学生在学习中体验，在实践中应用，形成垃圾减量的有效策略和行动，进而增强学生的环保意识和行动能力。该活动包括四个阶段：

第一阶段：组建环保团队，开展调查研究。由各班选派代表，成立"垃圾减量"项目生态委员会，由指导老师指导，巡查班级和校园角落，观察了解校园垃圾的基本情况；成立行动组和访谈组，分别到食堂、班级和相关岗位开展相关人员访谈，了解日常校园垃圾处理的情况。行动组对各班级日常垃圾进行记录和称重。然后汇总，和指导教师共同讨论形成校园垃圾减量的行动方案。

第二阶段：开展环保宣传，传递"变废为宝"理念。以"环保"为元素，举行"变废为宝"的主题仪式。通过展示作品、表演小品，拓宽同学们对于垃圾回收利用的视野。通过环保小干事行动队员对第一阶段调查的结果反馈，让同学们更进一步了解我们身边的垃圾回收还存在着巨大的空间。最后，通过倡议书的宣读，倡议全体教师、学生、家长和社区共同行动起来，为垃圾分类和回收贡献各自的一份力量，正式启动"让废弃物重生"计划。

第三阶段：设置垃圾回收，落实垃圾分类。根据班级垃圾的调查和分类，利用废弃纸板箱设计班级的废物分类回收箱，将可回收垃圾和干垃圾进行再次细分。学校设立可回收废弃物总站。各班级的可回收废弃物每周一次汇总到学校总站。对于可回收垃圾，不定期联系上级环保部门进行废弃物分类回收。提高垃圾再利用率，并尽量降低垃圾回收处理的成本。

第四阶段：激活奖励机制，推动行动拓展。为促进更多学生主动参与可回收废弃物的回收活动，生态委员会推动"废弃物兑换代金券"活动。"代金券"是校内流通的学生"货币"，可以兑换自助餐或其他特色活动。生态委员会讨论兑换细则，指定各年级的兑换时间与地点，并在兑换当天由"环保小干事"维持秩序。同学们将自己在日常学习和生活中产生的废报纸、纸盒、塑料矿泉水瓶等积聚起来，这些物品以前也许是他们随手可扔的垃圾，现在已经体现出了不菲的价值，通过定期回收，也增强了学生关于可回收废弃物的回收观念。

（三）"校园小社会"活动：微笑午间 70 分

全球胜任力培育学生的主体意识，不仅是承认和尊重学生的个性，也需要通过各种关系的相互影响，通过社会化交往，引导学生更好地实现自我导航。生活即课程，"微笑午间 70 分"活动就是在这样的背景下应运而生。

"微笑午间 70 分"的活动时间是 11：45—12：55，包含两项主要安排：午餐、自主活动。其中，自主活动是以学生自我需求为导向的自组织活动。活动地点散布在校园的多个功能区域，包括思迈集市、思迈书城、思迈秀场、智慧学堂、思迈影院等。学生根据活动菜单，自主选择、自主体验、自我管理。

然而，在设计与实施之初，校方也如履薄冰——午间大段时间，全校的自由放任是否会引起场面的混乱不堪？以"思迈集市"为代表的学生自主活动是否真正为孩子所接受和认同？理念论证下的金点子是否在实际层面可行，如何落地？于是，我们围绕"思迈集市"的运行，通过教师们一系列的日志来观察和记录活动现场，优化"思迈集市"的组织、管理与运行。

案例："思迈集市"日记

第一阶段：试运行阶段

3 月 25 日　星期日　多云

"集市"的设想源于一次涉外的考察学习，看着孩子们将自己闲置的物品、书籍通过校园集市来流通分享，看着孩子们的 DIY 作品在集市上热卖后不仅得到了一定的经济利益，而且增强了孩子的学习自信，我便下定决心，要在我们的校园内也开辟类似的集市，给孩子提供更多的资源共享以及个性展示的舞台和空间。好在这个想法得到了校长和我的伙伴们的认同，并成了本学期"微笑午间 70 分"活动中学校着力推行的项目。

明天将是我们这个学期第一次的"微笑午间 70 分"活动（简称"'70 分'活动"），也是"思迈集市"的开市日。为了集市的顺利开市，我们年初六就开工讨论，运作方案调整修正了一次又一次，终于在 3 月初确定了最终内容。

连续两周的班主任培训效果还是很显著的。班主任们对如何展开集市活动认识比较清晰。上个星期，五（3）班利用红领巾广播对孩子们进行了一次开市动员，周五还在放学前让班主任老师提醒孩子们明天带上校园货币，以便在"思迈集市"上寻觅心仪的货品时使用。明天一早的升旗仪式上，大队委员们还会再次重申集市规则。希望这些措施都能确保明天的开市顺利。

3 月 26 日　星期一　多云

今天的活动有感动也有揪心之处。12 点，原本绝大多数孩子应该还在用午餐，但今天集市所在的室内跑道已经人满为患了。虽然已经设置了入口和出口的标志，孩子们也知道应该按导向行走，但是，人流量太大造成了集市的拥挤，场面一度出现混乱。好在值周队员们和护导老师们到位而及时的疏导使得集市的秩序得到了很大的改善。看来，前期我们还是低估了孩子们的参与热情。另外，在集市管理的流程规范上，还要进一步细化。

12点半，集市逐渐趋于稳定后，我们巡视了教室。26个班级，有14个都是整个班级倾巢出动，没留一个人，班主任的积极配合让我深深地感动；但与此同时，也有5个班级除了集市摆摊人员外，其他孩子竟然是整班滞留在教室，原因是学科教师对于今天的首次"70分"活动不太了解，还在进行学科知识的讲解，看来在学科教师层面的宣传也不能忽视。

最让我揪心的还是学生们表现的迥异，当我与学科教师沟通，学科教师都积极配合，立马放行后，有的孩子甚至跑到我面前表示深深的谢意，但也有些孩子用一种"我们更爱学习"的眼神来回应我的出现。

下午我就把困惑与校长、与我的同伴们进行了交流。或许，学生们还是因为缺少足够的信心与信任，只是把自己当作一个旁观者来看待"70分"活动，觉得不可能有什么特别精彩的活动内容值得他们去关心与参与。这样的情况在其他各个活动场所中也有出现，要让孩子们从内心认同"70分"活动，无疑是这个阶段最重要的突破口。

根据初期的观察和记录，我们对问题进行了梳理和分类，并针对流程管理中存在的问题做了进一步的细化和优化。

第二阶段：调整运行阶段

"70分"活动要吸引每个孩子，很重要的一点就是要降低准入门槛，让每个学生觉得自己是有能力参与其中的。通过访谈学生，学校发现，学生们参与集市的热情很高，但是，昂贵的摊位租赁费用，以及担心自己一个人能力有限，无法采集到足够的商品，无法吸引人气成了阻碍他们租赁摊位的两个重要原因。因此，在活动推出后不久，一系列的变革举措就被提出（见下表）。

	变革前	变革后
摊位租赁对象	高年级学生以班级为单位，每班至少承租一个摊位	全部年级每个班级至少承租一个摊位 每个摊位至少4名成员 同一名学生不能在连续的两次集市活动中售卖商品
摊位租赁费用	每次100元校园货币（集市日前一周支付）	每次50元校园货币（集市日后三天内支付）

（续表）

	变革前	变革后
摊位租赁凭证	没有明显标志	摊位布一块（集市日当天必须完好地归还大队部） 没有摊位布的设摊或者兜售都将被取缔并处罚

然而，随着集市准入门槛的降低，一系列的问题也纷纷出现。

5月7日 星期一 晴

五月的第一次集市日一早，四（3）班的林老师就向年级部长卢老师频频道歉。过了一个长假，承担集市货品准备的小组成员将准备售卖的物品遗忘在了家里。今天他们班级没有办法摆摊了。同一日，卢老师还接待了四（7）班小曾同学的投诉：他们班级的小姜同学和他的搭档应该共同承担物品销售工作，但是，小姜同学因为自己班级的卖品吸引不了人气，中途离场，去其他摊位进行"70分"活动，而在最后的利润分配时，小姜却说自己也承担了卖品的筹备，应该将利润平均分给自己。小曾觉得，这种分配不公平，由此产生了争执，进而找老师投诉……

6月18日 星期一 多云

六月的最后一次集市日，大队辅导员吴老师回到办公室时，已经过了放学时间，可是门口站着4个绿领巾，耷拉着脑袋。原来他们是一（2）班的孩子们。究竟怎么了？细问一下才知道，中午集市时，他们代表一（2）班摆摊，可是集市结束后，小家伙们忙着回教室清点结余，忘了回收摊位布。当放学时班主任老师提醒他们归还摊位布时，他们傻了眼，急忙跑去室内跑道找，可是摊位布不见了……

作为校园内开展的活动，即使是学生自行组织的，基本的规范要求是必需的，在这个过程中，学生责任意识的培养、规范意识的提升是需要加强的。

1. 加强管理队伍和参与人员培训

（1）优化活动管理者队伍

管理者身为学生，本身具有无序性和不稳定性，做事容易缺乏条理，无形中增加了工作的难度。

改进一：活动的管理者采用推荐制、跟踪制——即必须由班主任提名，并且适当地给他们提出一些建议与指导。

改进二：建立评优机制，及时树立管理者中的标杆，宣传典型事例。

（2）规范对活动参与者的要求

部分参与者规则意识不强，部分低年级学生规划能力、自我管理能力不足。

改进一：对于有明显不合适行为的学生，活动管理者或教师必须给予及时的干预与教育。多次教育无效，暂时将其纳入黑名单，取消其相关场所活动的资格。

改进二：建立申诉机制，当学生之间出现意见及分歧时，活动管理者或教师及时了解问题产生的情况，进行引导并及时解决。

2.细化实施流程，确保活动的有序规范

在加大指导力度的同时，项目组还试图通过细化活动流程，来确保活动的有序组织和实施。为了确保集市货物的质量，提高同学们对集市的期待度，集市的制度又一次做了调整。此外，对于集市的摊主和顾客的职责也做了进一步的明确。

"思迈集市"新规

1. 摊主需要填写"货品及定价单"，提前一周交到大队部进行审核。

2. 集市商品鼓励更多原创、旧物、DIY产品。大队部对批发小文具的品种和数量进行严格审核。

3. 摊主职责：收集商品—寻找伙伴—租赁摊位—物品定价—填写并上交"定价单"—角色分工—设计海报—推销商品—记录收支—售后清场。

购买者：自由选择—谈判议价—获得商品。

上海市大宁国际小学大队部

通过一系列的工作改进，"思迈集市"的运作明显得到优化和改善。一次

调查的结果显示，"思迈集市"成了"70分"活动中最受欢迎的内容，学生的参与度更是达到了100%。

以集市为代表的"70分"活动，让孩子们体会到了自由选择、自主参与、自我展示的乐趣，真实地反映出了学生的现状与内心需求。同时，也坚定了项目组继续行动的决心——我们的任务，是在满足孩子们一切合理需求的前提下不断地调整活动机制与策略，看着他们在一种科学的、良性的活动形态中逐渐从他律走向自律。

后续思考

校园即生活，学生亦主人。"微笑午间70分"活动希望给孩子们一个自由时空，让学生在真实环境中体验换位思考、有效沟通、管理和解决冲突、尊重不同人的需求……这是全球胜任力培养的重要内涵，也是学校将午间的70分钟还给学生，让他们在属于自己、自由发展的校园空间中自我规划、自主体验与发展的初衷。"微笑午间70分"活动所崇尚与追求的目标是否能够从理念层面转化为实践的常态，并且切实体现设计初衷，学校还在不断地尝试、调整、完善。

（本案例执笔人：黄丽娟、南艺、吴雯婧）

除了有组织的活动，学生还可以在公共空间选择更多的自由活动。有自由活动，就有规则、有交往、有冲突、有问题解决的需求，也就有学生自我认知、学以致用、自我导航的空间。

二、社会实践活动

社会实践为全球胜任力奠基提供更多丰富的实践载体和教育资源，社会实践活动对于推动学生立足区域根基、辨析关联议题、开展行动实践、致力问题解决具有重要的实践价值。同时，社会实践的过程，也是学生所具备的全球胜任力相关素养的展现和检验的过程，基于这样的价值思考，我们在社会实践活动领域为全球胜任力奠基着重以如下几种主要方式为切入点进行开发和研究。

（一）跨学科主题综合实践活动

从跨学科教学走向跨学科主题综合实践活动，跨学科、跨领域、交互性成为社会实践活动研发与实施的重要特征。在第一轮课题实践的基础上，我们确立了学校跨学科主题综合实践活动的常态主题和推进方式。由学校课程教学研究中心分管行政部门牵头，联动学生发展中心及年级部长、教研组长，每学年开展4次跨学科主题实践活动（包括寒暑假）。其中，寒假主题为"传承民族经典，发现中国创意"，暑假主题为"寻找城市的温度"，春秋学期则结合学科教学及学科活动，分别开展生命主题和感恩主题的跨学科主题教学及实践，形成了学校跨学科主题实践活动的新常态。

案例：寻找城市的温度——二年级"亲情印记、城市之根"跨学科综合活动方案

引言

亲爱的小朋友：

暑假已至，为了让我们度过一个充实而有意义的欢乐假期，学校将组织同学们开展"寻找城市的温度"跨学科德育活动。让我们穿越时光隧道，和父母、同伴一起找找、看看、聊聊身边的老物件，在一个个充满回忆的亲情印记中，寻找城市之根。

活动一：找一找家中的老物件，记录它的基本信息。（道法学科）

每个家庭中都有一些祖辈们留存下来的老物件，它们是一个时代的记忆，是祖辈们童年的回忆。

名称 _____

年代 _____

用途 _____

使用者 _____

名称 ＿＿＿＿＿＿＿

年代 ＿＿＿＿＿＿＿

用途 ＿＿＿＿＿＿＿

使用者 ＿＿＿＿＿＿＿

活动二：听——长辈讲老物件的故事，并用简单的文字记录下来。

知道吗，每个老物件留存至今，背后一定有着它的故事。选择一个你感兴趣的老物件，问一问长辈，听听他们的讲述。

活动三：说——分享老物件的故事，请小伙伴评价。（语文学科）

听了老物件的故事，你知道了它留存下来的原因了吗？与你的小伙伴分享信息，让更多的人了解老物件背后的故事。给故事起个好听的名字。

活动四：看——观看祖辈生活过的地方的资料，打印一张现在的照片。

如今的城市高楼林立，但繁华背后，挥之不去的是关于老宅的记忆，是对城市之根的追寻。你了解祖辈们曾经居住过的地方是怎样的吗？现在那里又是什么样子呢？

我向（　　　　）分享了"　　　　"故事。

见证人评价：☆☆☆

```
┌─────────────────────────────────────────────────┐
│                                                 │
│   贴照片处                                        │
│                                                 │
│                                                 │
│                                                 │
│                                                 │
│                                                 │
└─────────────────────────────────────────────────┘
```

活动五：绘——一幅创意作品，表现祖辈们儿时的生活。

在这样的老宅里，长辈们曾经的生活是怎样？请听听他们的描述，想象一下当时的场景，并描绘下来吧。（建议参考丰子恺漫画。作品为 A4 纸大小）

城市发展的特点在于变迁，但根的传承，对家庭来说，就是属于这个城市特有的温暖。系列寻找活动，是孩子们的寻根之旅；系列寻找活动，是孩子们与长辈交心互动之旅；系列寻找活动，也是孩子们感受城市变迁面貌的一次感受之旅。所谓"读万卷书，行万里路"，我们认为，让孩子们的每一次旅行，都能带着主题，带着任务，学以致用，用个性的方式去观察、记录和理解生活，这应该成为全球胜任力培养的重要途径。

同时，在这一过程中，我们的教师因为参与跨学科主题活动的设计，他们对于课程与教学的变革以及学生全球胜任力的培养有了更多的认知和体验，这也成为促进他们自觉反思和职业成长的另一种有效方式。

案例：对"跨学科主题项目学习"的再认识

跨学科主题项目学习的课堂研讨活动已经开展了两轮。作为一名亲历者，我对于跨学科主题项目学习似乎有了更深的认识。提笔写这篇文章时，忽然想到《桃花源记》中的话："林尽水源，便得一山，山有小口，仿佛若有光。便舍船，从口入。初极狭，才通人。复行数十步，豁然开朗。"我们的跨学科主题项目学习的过程，颇似这种感觉。

我们所开展的跨学科主题项目学习，首先解决了困扰我们良久的学科育人的问题。同时，通过课堂学习，不但增强学习和现实的联结，更能深化学生对学科学习本身的理解。更为有意义的是，我们发现，这一过程又促进了教师自身的发展，因为这样的主题项目学习从某种层面上促使教师不断寻找适合的教学主题、教学策略和方法来促进学生学习。

我们的跨学科学习关注学科的互补。比如，一年级"认识生命"主题项目活动中，通过"种黄豆"这一任务驱动，结合数学、科学、美术、语文等学科的相关学习，让学生体会到学科学习原来与生活之间有着密切的联系，学科知识和生活经验可以帮助我们研究黄豆生长的历程。而这一历程不仅需要学科知识的支撑，更需要爱心、耐心以及持之以恒的精神。我们也看到执教教师们在联动教学设计的过程中多次试教、说课，根据学生的反应调整教学设计，从而真正让学生去认真思考"种黄豆是如此复杂甚至艰难的一件事，我是否能去做好？"这也是一种对生命负责的思考。

我们的跨学科学习关注主题的升华。以四年级"珍爱生命"主题项目学习为例，我们设计了"如何正确喂养动物""什么才是真正的陪伴""怎样关爱流浪猫狗（公共安全）"这些活动，帮助学生在面对真实问题时，通过活动的设计，根据学生的年龄特点、认知特点来层层推进问题的解决。各学科之间不分彼此，师生共同探讨，发挥各学科的特点。我们努力从孩子的角度思考：要形成这样的观念，需要经历怎样的活动。

我们的跨学科学习关注问题链推动下的大观念学习。五年级"欣赏生命"主题项目学习，则是通过一个个问题链来设计、推动学习。通过养蚕活动，初步感知蚕的一生有不同的阶段；通过资料阅读和整理，了解昆虫的形态非常丰富，它们的生命周期有一定的规律；从昆虫到其他动物，通过英语故事《小蝌蚪找妈妈》的学习，看到青蛙成长的过程中会发生这样奇妙的变化，而这个变化和它生活的环境有关。随后，通过小组合作观看多种动物的视频，了解动物在生命周期过程中会遇到很多的挑战和危机，并不是所有的动物都能完整地经历一生。通过资料卡，进一步体会动物为了生存所付出的努力和拼搏。这样一个系列的主题学习过程，就是在逐步帮助学生去真正深入感受生命的多样性，感悟生命的价值。

我们的跨学科学习还更多地关注学生个性的真实表达。三年级"尊重生命"的课堂研讨，由语文和美术学科共同承担。由观察自己的小宠物入手，鼓励学生大胆表达，用自己独特的视角去描绘（通过文字及绘画）自己的宠物，在独一无二的表述中，体现对它们的爱和尊重。二年级"感受生命"的课堂研讨中，我们设计了一个辩论环节"你觉得下雨天能奔跑吗？"旨在让学生真实表达内心想法。这个片段引发我们深度思考——给孩子更自由的表达空间和情景，还是牢牢把握教学的进度和主线，需要有一个取舍。

我们的跨学科主题项目学习，是基于学科课程，又联动实践活动来共同完成一个主题的学习序列，遵从孩子对事物认知发展的过程，旨在探讨和彰显不同学科的价值，我想这恰恰是跨学科项目学习和其他项目学习之间的区别。

路漫漫其修远兮，但是，我们一直在路上。

（本案例作者：邵苓苓）

为了让跨学科主题实践活动能够符合学生身心发展的特点，更好地适应学生逐步发展的社会交往圈，并提升对主题的不断认识，我们在活动上形成了环形设计，即以学生逐步发展的社会生态圈为基础，从低年级到高年级，主题也逐步从"我与自己"向"我与他人""我与学校、社区""我与城市、国家""我与全球、自然"逐步扩展，遴选并确立了主题的范围（参见表4-1）。

表4-1　大宁国际小学跨学科主题实践活动序列

全球胜任力的培育点	主线	年级	主题
自我人格的形成 建立自我与外界的联系 形成关于生命的基本概念 和价值观	我与自己 我与他人 我与学校、社区 我与城市、国家 我与全球、自然	一 二 三 四 五	认识生命 感受生命 尊重生命 珍爱生命 欣赏生命
中华优秀传统文化——中国魂　民族根	我与自己 我与他人 我与学校、社区 我与城市、国家 我与全球、自然	一 二 三 四 五	迎新守岁新方法 中国经典动画 时代楷模 中华老品牌 文化之旅

（二）研学之旅活动

生活世界是人的身心各方面得到锻炼和发展的基础环境，而培养身心和谐发展的人是学校教育的最终目标。人的身心和谐发展是指人在德智体美劳等方面获得全面的、协调的和自由的发展。因此，学校教育不能仅仅停留于文本世界或科学世界之中，必须回归生活世界，将文本与科学融入生活世界中，营造一种生活化的教育环境，让学习者进入一种自由发展的空间，开展生活化的整体性学习，学习者的身心各方面才能得到锻炼，协调发展。研学旅行正是融学习于生活世界之中而开展的一种生活化育人活动。在研学旅行过程中，研学内容和"旅行"的时空是在引导教师指导下，参与者根据自己的兴趣和能力、自己的生活经验等自主选择富有教育意义的研学旅行主题。研学旅行的内容是开放的、自由的和自主的。同时，研学旅行所涉及的知识是综合化的、生活化的，可以打破学科知识界限，将各门学科知识融为一体来设计研学旅行活动，融德智体美劳等为一体。从某种程度上说，正如怀特海（Alfred North Whitehead）所言，一个人如果只了解自己所学的学科，把它作为这种学科特有的一套固定程序，那么，他实际上并不懂那门科学[①]。而在研学旅行活动中，参与者可以综合运用所学的各门学科知识，从而加深对学科知识的理解，提升综合运用知识的能力，进而提高自身的综合分析问题能力和综合素养[②]，而这与学生全球胜任力的培养在价值导向和方法论上具有高度的一致性。

随着学校对外交流合作的不断发展，我们以项目驱动，设计活动并引导学生逐步了解家庭、社区、城市、国家和全球化发展背后的共性与个性。特别是具有全球视野与多元文化背景下的互动交流，能够为学生提升文化自信，增进文化包容，促进文化理解，发挥其重要的意义。我们由此研发了"研学之旅"的系列活动，这些活动包括文化考察活动、主题探究活动、项目引领活动等形式。

---

① 怀特海. 教育的目的 [M]. 徐汝舟，译. 北京：三联书店，2002.
② 殷世东、杨斯钫. 中小学研学旅行课程设置价值与理论基础 [J]. 宁波大学学报（教育科学版），2020（4）：26-34.

案例：OM 团队的美国之旅

全球胜任力培养，也需要创设各种环境，让孩子们进入国际的交流与合作之中体验和感悟。以 2018 年 5 月头脑奥林匹克（Odyssey of the Mind，简称 OM）团队赴美比赛为例，虽然这次行程是以赛事准备和参与为主，但是，赛事背后的文化碰撞，以及学生异国之旅的自主管理，其教育意义尤为重要。

比如，每支队伍都会由组委会分配一支友好队，从入住见面开始，两支友好队的互动就会贯穿整个比赛过程。如何组织宿舍互动的节目，如何相互赠送礼品，如何与伙伴交流并开展互动游戏，如何为友好队加油助威、共同庆祝，这些对于一向比较矜持的中国孩子们来说，是一次特别重要的考验。

比如，入住宿舍，就要开启以团队为基础的自主管理的过程。如何管理物品、如何训练、如何整理内务、如何合理申请和使用公共会议室、如何沟通运输道具等，都会直接考验每一个孩子。通过微笑评章、日志记录和每天晚上的小结活动，项目团队的自主管理在教师的带领下井然有序。

比赛的时间虽然很短，但是各项流程都可能会存在需要解释、沟通，随时接受质疑甚至需要提出申诉的可能，这一切完成的主体都是学生。为了应对这些可能性，孩子们必须要密切合作，相互补台，预想一切的可能性，并思考必要的对策。这些都是团队从踏上飞机之前就需要不断准备的。

OM 赛事与其说是比赛，不如说是 OM 人的狂欢派对，如果仅仅以比赛为目的，是无法真正融入 OM 文化的。参加赛前开幕式和赛后闭幕式的狂欢派对，每天在餐厅外面和来自各个国家的伙伴交换徽章，甚至是用餐时选择怎样的座位，对孩子们来说，都是学习和考验的过程。

我们发现，学生能够在真实的情境中，寻找共性话题，理解和融入规则，学会相互尊重、鼓励和合作。这也是全球胜任力培养的真实诉求。

三、学科特色活动

学科学习是学生在学校之中最常见的活动，也是学生实现成长的最重要载体和方式。培养学生的综合能力与素养，固然需要特定的课程与教学设计，但是，在学校总体教育时空因素受限的情况下，如何通过学科教学中有计划的渗透，将全球胜任力的相关要求和元素主动对接学科教学，让学科教学在培养学生全球胜任力的过程中也发挥一定的价值，这是学校人才培养体系改革和学科教学改革必须要思考的重要问题。基于这样的认识，在推动学生全球胜任力培养和学科教学改革的过程中，我们尝试通过学科特色活动的举办，拓展学科的育人价值，建构学科教学与学生全球胜任力培养的有效关联，让学生在获取学科知识的同时，不断拓展和提升自己其他领域的综合能力与素养，真正为学生全球胜任力的培养奠基，促进其价值。

案例：语文学科"聚焦兽首事件"调查活动方案

活动背景

如何认识和看待中华民族的优秀文化遗产是学生国家意识培养的重要内容，也是学生了解社会、融入社会的重要契机。同时，通过对事件的了解和调查，有助于提升学生对文化遗产与国家利益的关联性感性认知，在这样的理解下，也能够进一步深化学生对学科中关于文化遗产的内容更深层次的情感和理解。

结合语文学科五年级《圆明园的毁灭》课文的学习，利用假日小队活动，开展了以"聚焦兽首事件"为主题的调查活动。力求通过学科学习与实践活动的结合，凸显对"兽首事件"背后关于中华优秀文化遗产话题的思考与理解。

活动目标

1. 能够概要讲述"兽首事件"的基本情况，在学习和了解之后能够说出事件背后的意义。

2. 能够初步使用收集资料、访谈调查与数据分析的方法，开展相关调查探究。

3. 能够通过对调研过程与调研数据的分析反馈，初步感受大众对"兽首事件"的了解程度，感受普通群众对事件的态度和观点。

4. 通过课文学习，进一步体会文化遗产对国家利益的重要意义，初步激发保护和继承优秀文化遗产的情感和意识。

活动组织与实施

（一）调查准备

1. 课前调查

学生以个体为单位，关于"兽首事件"开展资料调查和收集，完成学习任务单。

"兽首事件"知多少？

任务一：请简洁地介绍一下你所搜集到的关于"兽首事件"的报道。

_____

任务二：我的所思、所想

对于"兽首事件"，你有什么所思、所想，可以记录在下面的横线上。

【小建议：你可以选择下面的一个方面来谈，也可以自己选择话题】

当中国的国宝流落海外并在国外的拍卖会上被拍卖，你想到了些什么？

当得知"兽首事件"中的主人公蔡铭超的行为之后，你又有什么感想？

_____

任务三：来自父母的声音

对于"兽首事件"，_____【填称呼】是这样想的：

_____

对于上述想法，我 _____【赞成或反对】，理由是：

_____

2. 班会活动

第一步：分享信息，交流想法

学生搜集关于"兽首事件"的相关信息，利用班会活动进行信息分享，就某些话题提出自己的看法。教师就"兽首事件"的背景信息做进一步的补充。学生完成补充反馈：

同学们分享了对事件的看法。我最赞成 _____【填姓名】的想法，理由是：

_____

对于"兽首事件"的发生，作为新世纪的学生，我们又可以做些什么？

_____

＊对任务单完成情况的评价标准说明：

其一，学生是否能够通过搜集信息，客观地还原事情的原貌。

其二，学生是否能够根据客观事件，作出自己的价值判断。

其三，学生是否能够多角度地去聆听来自家长、同学的不同声音，并在此基础上，进一步形成自己的价值判断。

其四，学生所形成的价值判断是否合理、客观、积极。

其五，学生是否能够将价值判断、道德认识转化为可以实际操作的、可行的行为。

第二步：组建小组，设计问卷

学生自愿组合，初步组成调查小组，设计访谈调查问卷，并通过问卷分析表进行对问卷的反思和修订。

（1）辛苦设计好的问卷究竟怎么样？请按照下面的标准，逐项对设计的问卷进行一次自评。在相应的选项上打上"√"。

自评项目	是	否
问卷中是否有前言部分来说明调查的起因		
问卷中是否能了解被调查者的基本信息（包括国籍、年龄段、性别、职业类型等）		
问卷中的问题是否通俗易懂		
问卷中的问题是否始终紧扣主题		
问卷中的选项是否便于最后的数据汇总和分析		

（2）有学习交流才能有收获，看过其他小组设计的问卷，小组有了新的想法。请把修改后的问卷设计贴在空白处。并且标出哪些地方是修改过的，以及做出这样的修改的理由。

修改后的问卷	备注（修改处及理由）

（二）调查访谈

学生以小组为单位，到大宁国际商业广场进行相关调查。学生在调查阶段要完成以下任务：

1. 小组讨论，根据问卷信息，进一步细化分工，明确任务，并拟定访谈提纲，根据访谈提纲进行小组内试访谈，并修正访谈纲要。

2. 利用假日小队活动，到大宁国际商业广场进行问卷调查和访谈。注意访谈对象的类型、年龄或者国籍的区分度。

3. 对访谈信息和数据进行初步汇总，并尝试对数据进行初步的讨论和分析。

4. 小组合作，完成调查作品的设计和制作。

5. 填写问卷调查反馈表。

"兽首事件"问卷调查评估表

时间：_____　　　地点：_____　　　被调查者人数：_____

在实地调查的过程中，我们遇到的最大困难是_____；

最后，这个困难最终_____【被克服/没有被克服】。

之所以会这样，最主要的原因是_____

下次再遇到类似的困难时，我们会这样做_____

通过这次调查，我们最大的收获是_____

我们最想感谢_____【成员名字】，因为_____

（三）调查反馈

1. 语文课上课伊始，就邀请个别小组介绍调查的情况，一方面，反馈和交流数据分析表达的情况，另一方面，除了对事件本身的结论之外，对于小组的社会交往技能方面的状态也有必要的补充说明。

2. 学习《圆明园的毁灭》这篇课文。有了对"兽首事件"的调查和体验，学生初步建构了文化遗产的概念，也初步感悟了文化遗产所浓缩的民族智慧和尊严，这就铺垫了课文学习的情感态度和价值观的基础。学生通过朗读和分析，升华了"圆明园的毁灭"背后的民族自尊和文化坚守。

3. 完成综合评估量表。

（1）请根据评价标准，给自己的总体表现评级。

评价标准				自我评价
	★★★	★★	★	
任务目标	积极协助小组确定任务目标，并能有效理解并影响小组成员明确目标	基本参与小组目标讨论，基本明确自己的任务要求	对任务目标被动接受，或对自己的任务目标无所谓	☆☆☆
团队合作	能够采用鼓励、协商等非强制性的沟通方式与小组成员合作，理解并尊重他人的意见	能够参加小组活动，但对同伴的建议和意见协商度及接受度一般	小组活动中表现消极，不愿意主动交流，团队融入感较低	☆☆☆
作品表达	为创作小组作品提供重要的资料、构思或技术，为本小组作品表达贡献度大	在小组作品创作的过程中表现中规中矩，贡献度为平均水平	对小组作品贡献度较低，或者效果不明显	☆☆☆
参与态度	每次活动都能准时出席，积极地利用课堂时间甚至是课余时间完成布置的任务	小组活动时有缺席或迟到，但仍能想办法把找到的资料给同伴	小组活动经常缺席或迟到，基本不能完成分配的任务	☆☆☆

（2）请为小组的其他成员评分，并找一找他最值得学习的地方。

综合表现 ＼ 姓名					
参与活动	☆☆☆	☆☆☆	☆☆☆	☆☆☆	☆☆☆
与人相处	☆☆☆	☆☆☆	☆☆☆	☆☆☆	☆☆☆
完成任务	☆☆☆	☆☆☆	☆☆☆	☆☆☆	☆☆☆
他最值得我学习的地方					

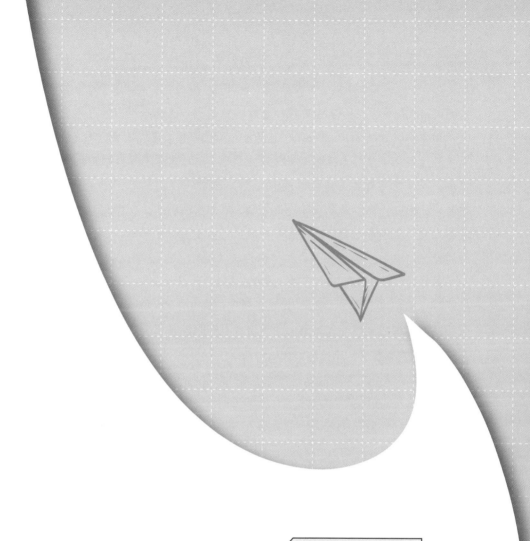

第五章

在自我超越中舒展生命：
学生全球胜任力培养的师资建设

教师专业发展不仅是现代教育发展的核心议题之一，而且关乎着整体师资队伍的良好建设以及现代教育的发展。进入 21 世纪以后，提高教师职业的专业化水准，已经成为世界各国教育改革的聚焦点①。社会科技的发展，对人才质量提出了更高的要求，教师自身的专业素养和专业教育能力能否适应时代的变革，乃是高质量人才培养的关键所在。进入新时代以来，习近平总书记多次在考察、讲话、批示中表达了对教育事业的重视和对教师职业的尊崇，强调要发挥教师在立德树人中的特殊重要作用。对教师创造性地提出了"四个引路人""四有好老师""四个相统一"等要求，要求引导和保障教师安心从教、热心从教、舒心从教、静心从教，"让广大教师在岗位上有幸福感、事业上有成就感、社会上有荣誉感，让教师成为让人羡慕的职业②"，这一系列重要讲话和精神构成了新时代我国教师队伍建设的根本遵循。

2018 年新年伊始，中共中央、国务院发布了《关于全面深化新时代教师队伍建设改革的意见》（以下简称《意见》），这是新中国成立以来党中央出台的第一个专门面向教师队伍建设的里程碑式政策文件。出台《意见》，是以习近平同志为核心的党中央高瞻远瞩、审时度势，立足新时代做出的重大战略决策，将教育和教师工作提到了前所未有的政治高度，对于建设教育强国、决胜全面建成小康社会、夺取中国特色社会主义伟大胜利、实现中华民族伟大复兴的中国梦，具有十分重要的意义③。《意见》全面提出了新时代教师队伍建设的重要意义、总体要求、基本原则、目标任务，强调了要着力提升思想政治素质，全面加强师德师风建设；要大力振兴教师教育，不断提升教师专业素质能力；要深化教师管理综合改革，切实理顺体制机制；要不断提高地位待遇，真正让教师成为令人羡慕的职业；要切实加强党的领导，全力确保政策举措落地见效④。2018 年 9 月 10 日召开的全国教育大会强调，教师是人类灵魂的工程师，是人类文明的传播者，担负着传播知识、传播思想、传播真理的神圣使命，从事着塑造灵魂、塑造生命、塑造新人的工作。上述一系列重要举措的出台都证明了在新时代教育改革发展过程中教师队伍建设的重要价值，也意味着任何领域的教育变革如果缺少了教师的深度参与，缺少了高质量的教师队伍，在实践中都将缺少完善的支持系统。

---

① 顾泠沅. 教育改革的行动与诠释 [M]. 北京：人民教育出版社，2003.

② 霍小光、张晓松. 习近平在北京市八一学校考察时强调 全面贯彻落实党的教育方针 努力把我国基础教育越办越好 [N]. 人民日报，2016-09-10（1）.

③ 新华社. 教育部负责人解读新时代教师队伍建设改革意见 [EB/OL].（2018-01-31）[2020-08-01]. http://www.gov.cn/zhengce/2018-01/31/content_5262676.htm.

④ 新华社. 中共中央 国务院关于全面深化新时代教师队伍建设改革的意见 [EB/OL].（2018-01-31）[2020-08-01]. http://www.gov.cn/zhengce/2018-01/31/content_5262659.htm.

第一节
指向全球胜任力的教师队伍建设构想

从学生全球胜任力的培养来看，我们认为，学生任何能力与素养的提升都有赖于教师的支持、引领和教导，特别是对于小学阶段的学生而言，教师的有效帮助更加重要。因此，要培养学生的全球胜任力，教师必须具备全球视野，具备组织开展全球胜任力导向的教学与研究的能力，这给新时代学校教师队伍建设提出了新的要求，也蕴含了学校教师队伍建设新的空间和增长点。

对于学校而言，要更好地实现学生全球胜任力的培养，既要充分考虑到全球胜任力内涵的多元性和复杂性，也要认识到其培养过程的特殊性，这也就意味着，从教师队伍建设的角度看，既需要通过整体性的教师专业成长，全面提升教师队伍素养，以此为学生全球胜任力的培养提供完善的、高质量的支持；又需要不断提升教师自身的全球胜任意识和能力，让教师对全球胜任力的培养有更加清晰的认识和更加自觉的探索，为学生全球胜任力的培养提供针对性帮助。基于这样的认识，我们提出了"普适性＋专业性""两手抓"的教师队伍建设构想。所谓普适性，就是始终把教师队伍建设作为学校内涵发展和治理体系优化的关键问题，采取多元举措切实促进教师队伍的专业成长，实现教师能力与素质的普遍提升；所谓专业性，就是聚焦学生全球胜任力培养所需要的教师素养，通过变革教师校本培训方式，将全球胜任力的相关内容和要求融入教师专业成长体系之中，提升教师培育学生全球胜任能力的专业性素养。

一、整体性促进教师队伍专业发展

教师专业发展的概念是近代以来对教师职业发展的总结。联合国教科文组织和国际劳工组织在《关于教师地位的建议》中对教师职业的属性、特征做出了较明确的界定，提出"应把教育工作视为专门的职业，这种职业要求教师经过严格的、持续的学习，获得并保持专门的知识和特别的技术"。这是国际上首次以官方文件形式对教师专业化做出明确的说明。"专业"一词最早从拉丁语演变而来，原始的意思是公开表达自己的观点或信仰。《现代汉语词典》中关于"专业"的解释包含三个方面的内容：高等学校的一个系里或中等专业学校里，根据科学分工或生产部门的分工把学业分成的门类；产业部门中根据产品生产的不同过程而分成的各业务部门；专门从事某种工作或职业的。1933 年，社会学家卡尔·桑德斯和威尔逊在他们的经典研究《专业》一书中，首次为专业下定义，他们认为："所谓专业，是指一群人在从事一种需要专门技术的职业，是一种需要特殊智力来培养和完成的职业，其目的在于提供专门性的服务。"①

在我们看来，教师专业中的"专业"不是指所教的学科"专业"，而是把教师的"教育行动与教育活动"视为其专业表现的领域②。在世界范围的教育改革浪潮中，人们越来越认识到，教育改革的成败在于教师，只有教师专业水平的不断提高才能造就高质量的教师队伍，才能提高教育的整体水平。因此在教师专业化的进程中，逐步从追求教师职业的专业地位和权利功利主义转向追求教师的专业发展③。人们对过去忽视教师专业发展和教学技能提高的做法给予了强烈的批评，教师专业化目标的重心开始转向教师的专业发展。

教师的专业发展是指教师多阶段的连续的专业成长过程，是职前教育、上岗适应和在职进修提高的一体化的过程。教师专业发展的根本本质是教师素质的提升。教师专业发展具有的三个主要含义"专业地位的提升""专业自主的建立"和"专业尊严的维持"必须有赖于教师素质的提高才能得以实现。

尽管人们概括出来的教师专业发展特征很不统一，但在一些基本问题上还是形成了比较一致的看法。总括起来说，教师专业发展特征和其他职业专业发展一样主要涉及以下方面：强调长时间的系统培训；掌握专门的知识和技能；拥有自己的专业伦理；强调工作的智力性实践和在实践中不断学习的需

---

① 王立国. 基于教师专业发展的教师素质标准研究 [D]. 西安：西北师范大学, 2007.
② 刘捷. 专业化：挑战 21 世纪的教师 [M]. 北京：教育科学出版社, 2004.
③ 刘微. 教师专业化：世界教师教育发展的潮流 [N]. 中国教育报, 2002-01-03（4）.

要；重视专业团体对工作质量和不断学习的监控；强调严格控制入职标准等。结合对专业化概念的理解和教师职业特点，概括地说，教师专业发展是指教师个体的专业水平提高的过程，以及教师群体为争取教师职业的专业地位而进行努力的过程和结果。前者是指教师个体的专业发展，后者是指教师职业的专业发展，二者共同构成了教师的专业发展①。

教师专业发展是教师的毕生使命，具有重要的价值，这些价值集中体现在以下两个维度。

其一，教师专业发展能够重构教师对教育的理解。随着人们对教育意义的深入研究，大众对教育的基本理解也在逐渐发生转变。纵观当前教师教育改革的各种理论，虽然这些理论的话语表述各不相同，但是这些理论使教育的意义发生了转变，即开始由单纯强调普适性的教育规律转向寻求使某种教育得以变为可能的意义。这些理论不再强调科技理性下的概念、法则、确定性，而是转为对生命、意义、价值、不确定性、复杂性的关注。因此形成了"教育是以一个灵魂影响另一个灵魂"等结论。关于这一点，科学家钱学森曾经对教育进行了精辟概括："教育的最终机制在于人脑的思维过程。"综合各种教育论点的表述，教育的本质不在于知识传授，而在于对学生生命个体的激励、唤醒、鼓舞。正如怀特海在《教育的目的》一书中所指出的那样，"教育的全部目的就是使人具有活跃的智慧"。一直以来，对于教师的专业发展都是强调教师专业知识和技能的培养，而根据现行教育的本质，教育是在学生理解的每一个瞬间，教师需要促成学生更多的知识理解，使其对相关问题产生更多的有意义的思索。要达成这个目的，显然单靠现行教育培养模式是不够的，传统的教师培养方式由于在实践中的无力感也面临着种种危机。对教育本质的全新理解意味着进行教育的教师在专业发展方面也必须以此目标的达成来驱动。基于教育的本质意义，教师专业发展可以理解为使教师能够打破当前的认知壁垒，跳出对问题的思维窠臼，对待问题有理性态度，不自从、不迷信，能够以自身的思维发展帮助学生思维的发展。从根本上讲，教师专业发展需要教师改变现有的教学模式和教学方法，能够结合实际问题进行理性创新。维特根斯坦

---

① 滕明兰.对推进我国教师专业化进程的思考[J].中国高教研究，2004（5）：72–73.

（Ludwig Wittgenstein）曾经说过："一旦新的思维方式得以确立，旧的问题就会消失。"由此可见，教师专业发展实际上是一种思维方式的变革，其核心的价值在于帮助教师形成对教育工作的正确理解，激发教师基于对教育的正确理解的思维与行为变革。

其二，教师专业发展能够重构教师对自我的理解。教师专业发展有助于唤醒教师的主体意识。虽然教师的教学活动是在鲜活的情境中进行的创造性活动，但是在以往历次教育改革中，教师总是被认为是课程知识的消费者，关于教师对教育的理解及其教学实践体会，在教育改革中都鲜有人关注。教师被理解为课程的执行者，对于所有教育改革建议教师只能接受，但是在教学成果、课程改革的衡量中，教师又往往被列为因课程成效不彰而被批评的对象。从根本上讲，教师是课程教育改革的参与者和实施者，是教育的主体角色，要使这个角色能够充分发挥主体意义，就必须通过教师专业发展来尊重和唤醒教师的主体意识，使其正视自己的主体角色，对自身的信念、价值及外来环境都有客观认知，从而愿意突破习以为常的教学现状，愿意积极投入课程与教学改革，能够在课堂教学中充分发挥自身的主观能动性，而不仅仅对知识进行运输传递，只有这样，教师才不会只是在成果评价中成为原因分析的影响因素[①]。

正是因为教师专业发展对于教师自身能力素质提升所具有的重要价值，在全球胜任力培养的过程中，只有依托有效的教师专业成长支持体系，促进教师队伍全面发展和能力提升，才有可能全面提升教师素质，适应全球胜任力培养过程中的多方面能力与素质要求，并以全球胜任力培养为载体和契机，整体性撬动学校内涵发展和品质提升，这既是学校发展的核心价值所在，也是新时代教师群体应该承担的重要使命。

二、针对性培养教师全球胜任力素养

当前，培养学生的全球胜任力已经成为各级各类教育改革的关键命题。伴随这一命题研究与实践的开展，人们普遍认识到，教师是影响学生成长发展

---

① 姚志敏. 教师专业发展的意义重建与教育变革 [J]. 教育理论与实践，2017（8）：26-28.

的关键元素，要培养学生全球胜任力，必须在学校教师队伍建设的过程中针对性地提升教师的全球胜任力素养。"培养全球胜任力，教师的素养要跟上"，已经成为一种共识①。在学生全球胜任力的培养过程中，我们也深刻感受到，没有教师的全球胜任力素养，就难以真正培育起学生的全球胜任力。从国际社会看，美国等西方国家很早就关注到了教师全球胜任力素养（能力）的培养问题：1923 年，在美国全国教育协会主办的世界教育大会上，大会主席奥古斯都·托马斯（Augustus Thomas）针对国际课程和教师培训问题指出："今天的公民必须是世界的公民。他必须了解世界，知道这个世界正在发生着什么，知道如何用和世界相关的语言解释世界。因此，今天的孩子们必须掌握世界的观点、把握对世界的理解，而这些观点和理解又都必须有赖于我们在座的学校教师②。"此后，为了应对全球化的挑战，积极回应"为全球胜任力而教"，美国日益重视教师全球胜任力素养的培养。20 世纪 80 年代，许多专业组织和政治团体纷纷呼吁在教师教育中树立全球观。美国州长协会指出，教师培养中全球教育及国际学习的缺失是阻碍美国应对当前经济、政治和社会挑战的主要障碍，急需予以改变。20 世纪 90 年代，美国全国教师教育认证委员会在其新的评价标准中要求，必须将全球和国际教育纳入教师教育项目中。进入 21 世纪后，美国教育界明确强调为了培养学生的全球素养，必须重视中小学教师培训在整个全球教育过程中的关键作用，大力提倡培养教师的全球素养③。美国等国家对于教师全球胜任力素养培育的重视在实践方面给予了我们很大启示，我们在围绕学生全球胜任力培养的问题开展教师队伍建设思考的过程中，逐渐形成了三个方面的思考。

其一，从学生发展指导者的角度建构教师全球胜任力素养的内涵。教师的全球胜任力素养，可以从不同维度进行理解，比如把教师当作全球公民，把全球胜任力素养当作一种综合素养等，但是从教育实践的角度看，教师的全球

---

① 张家海 . 培养全球胜任力人才，教师素养要跟上 [J]. 教书育人，2018（1）：21.

② 王涛 . 二战前的国际教育——教育国际化的起源与发展 [J]. 外国教育研究，2008（11）：16-20.

③ 张蓉 . 培养教师的全球素养：美国的举措及启示 [J]. 南京师大学报（社会科学版），2018（6）：48-55.

胜任力素养应该体现在指导和促进学生发展的实践中。从这一角度出发，教师的全球胜任力素养，就是教师进行全球教育时所需的知识、技能和品质的综合。它强调教师应在全球教育课堂上引入一系列全球视角，发展学生的批判性思维，并帮助学生发展从全球知情者转变为全球行动者的能力。

其二，从全球胜任力和教育事业的复杂性出发，明确教师全球胜任力素养的结构。全球胜任力，是一个系统的概念，是一个复杂的能力体系，不论是教师，还是学生，其全球胜任力皆如是。作为教育工作者，教师的全球胜任力素养的培养和积淀，除了用于自身专业能力与素质的提升之外，更为重要的还是要作用于学生全球胜任力培养实践成效的提升。由此，应该着眼于全球胜任力和教育事业的"双重复杂性"，建构教师全球胜任力素养的结构体系。在实践中，我们着重参考了奥拉兹巴耶娃（Orazbayeva）的教师全球胜任力素养的结构模型（参见表5-1），形成了实践之中如何培养提升教师的全球胜任力素养的基本认知。

表5-1　奥拉兹巴耶娃的教师全球胜任力素养模型[①]

教师专业活动类型	教师全球胜任力素养要求
专业	熟练掌握一门外语，达到能开展科学与学术交流的要求 能够组织有效的教学交流，具有解决多元文化环境中冲突的能力 遵守教学规范和职业道德规范，避免跨文化冲突 参与国际和国家教育项目，让学生参与其中 跨文化意识——对教学过程的参与者、社会和专业团体所属国家的历史、文化和传统的了解
社交	跨文化交流——直接和间接地与不同种族、宗教和社会群体成员就文化原创性进行交流的能力 掌握一门外语，具有一定的口语水平 文化包容，基于对自身价值和独特性的欣赏，认同不同的文化，接受文化差异

---

① 左璜，魏国武. 教师全球素养的内涵、结构及发展路径：国际视角 [J]. 现代远程教育研究，2020（4）：65-73.

（续表）

教师专业 活动类型	教师全球胜任力素养要求
社会责任	了解自己属于全球社会并对自己的行动承担相应的责任
个人品质	宽容、负责、主动，准备好跨文化交流
个体能力	精通现代信息和通信技术，在全球网络中发展交流能力，具有与信息源合作的能力 发展批判性和全球思维 创造力

其三，从学校教师校本教师培训实践出发，培养教师的全球胜任力素养。从当前的实际看，国际社会已经普遍建构了涵盖职前教育、职后培训的教师全球胜任力素养培育体系，美国等国家还把教师全球胜任力素养纳入了教师专业标准体系之中。而我国现实的情况是，对于教师全球胜任力素养的培育还没有系统地纳入教师专业发展的实践范畴之中。针对这样的情况，作为一线学校，应该立足于自身学校的实际情况，从变革校本教师培训开始，主动将全球胜任力素养的相关内容融入教师培训体系之中，让教师加深对全球胜任力的理解、认知和积淀，这既是新时代教师队伍专业发展的一个新内涵，也是学校有效培养学生全球胜任能力的必然要求。

第二节
指向全球胜任力的教师队伍建设策略

教师专业发展是一种特殊性的成长过程，需要充分考虑其内在特质。教师专业发展的特质具有与其他职业群体相区别的专业发展特征，它既体现了教师专业发展的独特性，又体现了教师专业发展的内在规定性。对教师专业发展特质的正确把握，有利于我们采取科学的实践路径，有效促进教师的专业发展。目前，促进教师专业发展的主要途径是通过官方路径施行批量式的课程培训，这种方式虽然能够从整体上规划大批量教师的专业发展，以学时和考试成绩为指标来确认教师的专业成长，但从实际效能来看，它在一定程度上弱化了教师专业发展所扎根的教育实践和教育情境，忽视了教师专业发展过程中面临的各种不确定性，以及师生之间的情意感通，缺乏对教师专业发展所处的多元关系系统的综合考虑，使教师专业发展的特质遭遇遮蔽[①]。由此，必须立足学校实际，立足课程与教学变革的现实场域，探索推动教师专业成长的学校路径，让教师专业成长真正有根基，让每一个教师的发展前景有"奔头"。

根据上述指向全球胜任力的教师队伍建设理念，在实践之中，我们设计了指向"普适性＋专业性"两大维度的多元化的教师队伍建设策略。这些策略汇总起来可以表述为：通过制度设计和分类规划做好教师队伍建设的系统性顶层设计；通过教师团队建设和结对帮扶机制，促进教师整体性专业成长；通过校本培训内容和机制的创新，主动融入全球胜任力素养的培养，提升教师自身的全球胜任能力以及培养学生的全球胜任能力。

---

① 毋丹丹. 论教师专业发展的特质及其实践路径 [J]. 教师教育研究, 2017（3）: 81-86.

一、分层级规划教师队伍建设

教师的专业成长离不开科学的规划。对于学校而言，科学的教师队伍建设规划是学校整体发展规划的重要组成部分，对于明确教师队伍建设目标、重点和任务有整体性的指导价值；对于教师个体而言，有研究表明，凡是那些专业发展得好，专业成长得快的教师，都是自我规划得比较早，也比较好的教师。而那些专业发展不好的教师，大多有一个共同的特征，即职业发展规划缺位。这直接导致教师在入职后仅凭个人经验获得教育教学专长的进步，一旦遭遇专业挫折，他们往往选择个人英雄主义式的抗争与奋斗[①]，专业成长的效果难以令人满意。由此，要真正推动教师队伍建设，必须从学校和教师两个层面进行科学规划。同时，应该认识到，教师的专业成长具有明显的个体性、阶段性和层次性特征，在进行专业发展规划的过程中，应该充分考虑教师队伍的个体和群体差异。

基于这样的认识，我们着重从两个方面对教师队伍的专业发展进行了科学规划：首先，学校的三年发展规划以及年度计划都有对教师专业发展的要求。在计划中都把教师队伍的建设放在十分重要的地位予以贯彻，而学校每一个教师都根据学校的三年发展规划，制定了个人的三年发展规划。其次，学校根据教育部印发的《小学教师专业标准》，结合学校教师队伍的实际情况，定期对学校不同年龄段、不同发展层次的教师进行调查分析，在分析的基础上对不同发展程度的教师提出个性化的发展目标。在学生全球胜任力培养方面，学校提倡成熟期教师（教龄 10 年以上）必须承担起先行领军重任；成长期教师（教龄 4~9 年）可以作为参与者，协同参与并建言献策；初职期教师（教龄 1~3 年）可以观摩学习，为后续投入和参与做准备和积淀。因为有了对教师队伍建设的系统性规划和分层分类规划，不同层次的教师都能够实现基于原有基础的再发展和再提升，学校教师队伍建设的顶层设计就非常清晰。

上海市大宁国际小学"十三五"师资发展规划（部分）

本方案面向全体教师，针对教师全球胜任力素养提升的需要，构建校级、

---

① 李健. 教师发展 规划先行 [J]. 人民教育，2011（8）：24-26.

教研组内、个人三级学习机制，落实分层培训。

1. 专家引领

（1）学校外聘学科专家为导师，实行导师带教，精准指导不同发展阶段教师的专业成长，制定成长计划。

（2）学校聘请相关领域高校专家及学科专家，设置校本全球胜任力素养提升课程，进行专题辅导。

（3）学校与市、区科研部门联动，以课题研究为引领，培育教师团队的科研动能。

2. 组织学习

（1）规定《为全球胜任力而教》《教育心理学》为每位教师必读书目。每学期学校不定期组织全校性的学习体会交流。教师在必读书目基础上，针对个人课题研究方向，每学期可以自选一本书进行学习，并提交一份自学笔记。

（2）各教研组、年级组除学校统一组织的辅导外，每月必须安排组内教师开展一次学习教育教学理论交流的活动。

（3）学校每学期为各学科教师组织若干次外出观摩学习、听课活动或国际、校际交流活动。

（4）学校积极支持青年教师在职攻读研究生课程班，并为他们提供必要的学习条件。

（5）学校定期组织现代教育技术培训及推广，鼓励教师积极整合应用信息技术，支持课堂教学和学生学习活动设计。

（6）学校为教师提供课题研究方向及辅导，提供必需的研究经费。每学期确定一个主题，开展校内的专题研究课展示活动。

3. 个人研修

教师除参加学校统一组织的理论学习、参观学习和进修学习外，要努力践行学校提出的相关要求。

（1）制订个人规划。每位教师都要制订个人发展三年规划，需要明确个人发展目标和规划，并体现课题研究引领要求。由校教师发展领导小组负责组织和审核。

（2）每位教师每一学年必须研读一本专业的学科书籍或了解本学科最新发展动态，结合教学实践，在教研活动中进行交流。每学期每位文科教师必须读一本科普类的书，每位理科教师必须读一本社科类、历史或文学等方面的书。

（3）每位教师每学年须发展一个兴趣爱好，可以自学，也可以向学校外聘教师、外籍教师学习，或者参加学校工会组织的教师社团。

（4）每个教研组每学年至少有一个研究课题，每位教师至少参加一项课题研究。

（5）加强自我反思。①每位教师对每节课都要进行反思，定期写出教学日志、案例分析等；②学校每学期组织进行教案、教学日志、案例分析等的评比展示活动。（详细内容参阅《大宁国际小学教师一学期常规》《大宁国际小学教师一月常规》《大宁国际小学教师一日常规》）

4. 组织好新教师的岗前培训

利用新教师实习的机会，在校园文化、敬业爱生、课堂常规、人际沟通交流等方面开展针对性培训，帮助新教师缩短成长周期，尽快融入教师团队，在一年的见习期中，成为一名合格的国际小学的教师。

5. 建立兼职教师人才库

根据学校全球胜任力培养的总体课题推进的需要，并结合学科课程专业建设的发展，学校注意从活动中心、社区学校、家长志愿者等中选聘部分既有工作实践经验，又有特长的人员作为兼职教师或名誉教师，定期邀请他们到校举办讲座或承担授课任务。对外聘教师的教学质量，可以通过展示、为社会服务等方式进行考核。

二、多维度促进教师队伍成长

教师的专业成长，本质上是教师专业实践的改善[①]，这种改善必须与学校改革、教学改革和课堂改革紧密相连，诚如钟启泉教授所言："教师的专业发展，如果不同学校改革的实践，特别是课堂改革的实践紧紧挂起钩来，其所谓

---

① 崔允漷，王少非．教师专业发展即专业实践的改善 [J]．教育研究，2014（9）：77–82．

的专业发展是不靠谱的。"[①] 众所周知，学校教育是一个具有复杂性的系统，这也就意味着教师队伍的专业发展方式必然不能是单一维度的，要真正提升教师队伍的专业素养，必须从多维度入手，结合学校办学特点和各项工作的开展实际进行综合设计，打造着眼于教师专业成长的多种平台，为教师专业成长提供全方位保障。

（一）夯实常规，强调标准

优质、均衡的教育依靠的是每个教师自觉的、专业的投入。学生全球胜任力的培养，更是在"专业""社会责任""个人品质""个体能力"等方面对教师提出了高标准、严要求。依托各校区课程教学研究中心、学生发展研究中心，依靠教研组长等骨干力量，学校通过组织课堂展示、日志分享、讲座论坛与师徒带教引领等常规性工作，以教育教学研究促进教师专业发展。

此外，课程教学研究中心主任每周分年段深入各教研组活动，规范"四五六"教研机制建设。"四"是指"四个一"，就是每次教研活动内容上要落实一次理论学习、一份教学案例分享（展示课）、一次专题研究讨论、一次后期（近期）工作沟通；"五"是指"五定"，即每次教研活动要做到"定时间、定地点、定主题、定内容、定中心发言人"；"六"是指"六个一"，即每学期做到每周一次教研组活动，每月填写一份月报表，每月检查一次备课和作业，制订一份教研组计划并完成一份教研组专题小结。学校还规定加强主题式教学研究，每学年开展两次组际交流展示，等等。随着学校课题研究的全面推进，我们将全球胜任力纳入教研组常规理论学习、专题研究以及教学研究课，作为实践的关键内容予以落实，以常规促研究，以常规促教师专业成长。

制度是学校教育教学秩序和规范的集中体现。为了保障"为全球胜任力而教"的教师发展和教师行动，学校不断梳理并完善各项制度，将教育理念融入各项制度规范，在夯实常规的基础上，进一步针对二次备课、作业与命题、质量监控、学科活动等特色领域，加强制度建设与优化。学校先后修订了《上海市大宁国际小学备课规范制度》《上海市大宁国际小学课堂规范制度》《上

---

① 钟启泉. 教师研修：新格局与新挑战 [J]. 教育发展研究，2013（12）：20-25.

海市大宁国际小学作业规范制度》《上海市大宁国际小学特殊学生辅导管理制度》等多项流程管理制度。此外，还确立了"集团事业指导办公室（监控）—课程教学研究中心（调控）—教研（备课）组（互控）—学科教师个人（自控）"的四级质量监控制度，并配以《上海市大宁国际小学教育集团一日视导制度》作常态落实，全面教学质量得到高位稳定。

上海市大宁国际小学"四控"质量监控制度

自控——由教师个人负责，以班级为单位。各学科教师对每堂新授课有相关练习的巩固。

互控——由教研组长负责，以教研组为单位。各教研组长精心设计"课练卷""周周练"或"单元卷"，体现趣味性、基础性、选择性，适当增加思维含量。

调控——由课程教学研究中心负责，包括"微笑习得（一）""微笑习得（二）"和"期末考查"试卷。考查的形式做到专项与综合相结合，口试与笔试相结合。课程教学研究中心须根据要求对调控结果做全面的质量分析。

监控——由校长室负责，评估中心、课程教学研究中心具体操作执行。监控学科、年段与时间详见开学初制定的"排片表"。

各学科每学期均须有一次学科主题活动或展示活动，活动要做到有方案、有过程记录、有评价、有成果（学生作品须归入档案袋中）。所有学科活动于每学期第15周之前全部完成。

作业规范制度中关于"学科长作业"及"跨学科主题学习作业"的要求

1. 各教研组针对学生的年龄特点，结合学科目标，设计有学科特点的特色作业或活动方案，体现学生探究性学习的过程，做到有目标、有内容、有检测、有评价反馈。

2. "微笑存折"的技能重组栏目须有过程性记载，并在"微笑习得（一）""微笑习得（二）"的拓展部分中占10分的比重。

3. 结合学校跨学科德育主题项目学习，每学期设计1~2份特色作业，时间在第4周、第12周。

精细化各项制度并有序推进落实，以浸润的方式，提升教师整体的教育教学观念、认识的实践，也有机融入并保障教师围绕"为全球胜任力而教"的实践空间，与此同时，规范了教师日常的教育教学行为。

（二）需求引领，抱团发展

为应对教育变革的需求，上海市大宁国际小学一直贯彻"教师第一"的发展战略。作为一所规模不断扩展的年轻学校，学校教师呈现"三高一低"的发展结构。所谓"三高"，一是学历高，教师学历全部达到本科及本科以上，近年来，学校加大引入研究生力度，目前研究生学历的教师占比约9%；二是男教师比例高，约占全体教师的18%；三是获奖教师比例高。在学校持续推动教师专业发展的驱动下，学校获得国家级及市级一、二等奖的教师比率占50%以上。青年教师在区初职期教师"新苗杯"教学比赛中屡获佳绩，3年教龄的青年骨干教师也能够承担全国及市级教学展示任务，并成为市青年教师学科团队的骨干。所谓"一低"，就是教师平均年龄低，学校教师平均年龄29岁，随着学校办学规模的快速增长，每年都有近20位青年教师加入我们的教师队伍。可以说，学校的教师队伍富有蓬勃的朝气，具有适应全球胜任力培养的良好基础，但机遇和挑战并存，需要我们从规划到执行上更好地精细化设计教师的专业发展道路，为每一位教师的成长搭设阶梯。而"团队互助，抱团成长"就是学校教师发展文化的重要特征。

除了基于教研组、年级组的基本教育教学研究团队的专业自培保障之外，针对学校不同年龄阶段师资发展的需求，我们形成了多元教师专业发展社团与运作机制，对不同发展层次的教师给予针对性的帮助和培训（参见表5-2）。

表5-2　大宁国际小学教育集团教师分类培训体系表

职业发展期	基本任务	教师团队
初职期教师	缩短适应期，踏入教书育人的大门	青年同质组
成长期教师	加强教学反思，形成自己的教学风格	教师专业发展社团
成熟期教师	引领学科建设，实现自我超越	校级名师团队

青年教师，尤其是初职期教师，是学校教师的新鲜力量。以初职期教师队

伍建设和培养为例，学校设计并实施针对性强的通适性培训。

首先，是保证师徒带教制度的实施。近年来，学校每年都会引进大量青年教师，其中一半左右是综合性大学的应届毕业生，可以说基本没有教育教学的经验和基础。如何让这样一批青年教师能够快速胜任教育岗位，理解学校文化理念，明确自我发展规划，是需要个别化、针对性的引领的。正所谓"师傅领进门，修行在自身"，师徒带教的常规制度就成为学校初职期教师发展重要的保障性制度。每一位初职期教师都有一位师傅，负责带教他们的日常教育教学实践。这些师傅都是学有专长、经验丰富的成熟期教师或极具创造力的成长期教师。师傅要经常为徒弟进行家常课示范，每周还必须至少听两节徒弟的随堂课，以及不定期进行师徒备课、说课和磨课，通过日常高频次的互动，加强师傅对徒弟教育教学细节和基本策略的指导。良好的师徒关系，不仅体现在教育教学上的专业指导，更重要的是通过师傅的言传身教，能够引领一批批刚刚走上工作岗位的青年教师更好地理解教师的身份和职责，帮助他们破解青年教师成长所必然经历的迷茫和挫折，更好地帮助他们树立自我成长的理想和规划。

一位见习期教师的职业生活体验随笔

作为一名新教师，如何站好三尺讲台，我内心还是没有底。幸好我的身边还有我的师父陪伴着我，引导着我。

今天是师父这个星期第三次来听我的课了。总体上，我感觉对于课堂节奏的把握我做得要好一些了，今天的课堂自我感觉还算比较顺利。但是，师父课后的这几条经验指导，依然如醍醐灌顶。

1. 错误也是教学的契机。在课堂提问或者练习的过程中，难免会有学生回答错误。但此时教师不应该立刻判定错误，给出正确答案，而是应该利用这个错误来引导学生探究原因，这样才能让学生的思维活跃起来，从记忆知识走向对知识的理解和掌握。

2. 要适时引导而不是时时引导。教师要学会适时地放手，让学生去大胆探索，虽然结果未必一定很完美，但是通过这种自我探索的过程，才能让更多的学生个体体验思考的过程，了解自己在问题解决上的优势和不足，也能够通过更多学生之间的协作来优化他们的学习。

3. 教师的语言要能够做到准确、精练而丰富。对信息表达准确是一个教师站好课堂的专业基础，随意的语言不仅让学生无法把握要点，而且可能会让学生对信息产生更多的误读；精练是智慧，就是能够用更少更好的语言传递教学的信息；丰富是让学生始终保持学习刺激和学习兴趣的手段。（这三个词语足够我体会感受一个学期了）

4. 新教师上课的基础在备课，备课的基础在于多研读教材。最近正好见习期教师都在阅读苏霍姆林斯基的《给教师的建议》这本书。书中说，学生学习的兴趣来源于他们学习的愿望，而学习的愿望是一种精细又淘气的东西，它好像一朵娇嫩的花，有千万细小的根须在不知疲倦地工作着，虽然我们看不到这些根须，但需要衷心地呵护它们，没有它们，生命和美就会凋谢。虽然现在的我，依然在向一名合格的教师迈进，但师父的传授和经验，在我最需要的时候给我精神的支撑，让我能够去小心呵护那些看不见的根须，呵护孩子们的生命健康和教学的美。

OECD 发布的《学习罗盘 2030》中说，要在培养学生能力的基础上，发挥学生的主体性，引导学生实现人生的自我导航，而实现这一目标的重中之重，就是塑造学生"面向 2030 的变革能力"。我想这些能力的培养，需要从小奠定基础，作为一名小学教师，我要在我的课堂中为此不懈努力。

让每一位有发展意愿的教师都能够获得职业发展的机遇和幸福感，是上海市大宁国际小学微笑教师团队建设的核心理念，也是学校师资工作的重要指导思想。抱团成长，需要直指教师不同职业发展阶段的需求和特征，需要破解传统师资队伍建设的灰色群体问题，更需要应对"为全球胜任力而教"的变革需求。

学校针对 1~3 年教龄的教师，组建青年同质组，让这些有着共同的目标追求，在发展道路上有着相同或者不同困惑和体验的青年教师有常态化的分享和交流的时空。学校邀请资深教师、学校名师讲述自己成长的心路历程，邀请优秀班主任讲授与家长沟通的技巧和艺术，还会不定期进行内部的教学交流、评课，等等。组团式培训与个性化指导相结合，激发了年轻教师的活力，帮助他们正确认识与适应职业角色，形成良好的教育教学行为规范，既做出了特色和亮点，也保证了教师队伍源头之水的纯净清澈。

4~9年教龄的教师是成长期教师，是学校师资团队的生力军，更是骨干教师梯队培养的关键力量。对于成长期教师，学校以培训＋比赛的方式，制定成长期教师职业培训方案及教学展示方案。成长期教师的培养注重教育理论素养、教育科研能力、独立文本解读与教学设计、教学基本功等多方面的规范化要求，通过个人教学主张和教学研究的引导，逐步帮助优秀教师形成个人风格。

校级名师团队是学校学科建设与研究的核心团队。名师团队每三年评选一次，主要面向对阶段学科教学研究和项目推进具有优异表现和突出成果的学科教师。通过学科名师梯队的打造和引领，一方面推动名师聚焦学科研究，提升学科品质，为课程教学改革的项目攻关打造核心研究力量；另一方面通过名师团队的引领和辐射，推动学科整体建设。

此外，学校还有一年一次面向全体教师的"受学生爱戴的好老师"评选、两年一次的星级正副班主任认定、三年一次的"魅力教师"评选等。其中，"受学生爱戴的好老师"评选构筑的是学校教师的道德底线，通过自荐、同事推荐以及面向全体学生进行调查访谈，评选不设名额限制，以"人人争当受学生爱戴的好老师"为目标，其目的就是规范师德要求，促进职业反思，进而评选出学生心目中的良师益友，表彰热爱学生、关心学生、受学生爱戴的先进典型。"魅力教师"评选鼓励教师多元发展，结合教师的自身特长，鼓励教师在学科专业成就、研究反思、关爱学生、培养青年教师、整合教育资源等任一方面发挥辐射作用。

"魅力教师"奖项

圣陶奖——学术底蕴深厚，教学能力精深

行知奖——研究意识浓厚，研究成果显著

冰心奖——关爱全体学生，育人艺术高超

伯乐奖——观人细致入微，有效指导教师

鲁班奖——教育视野开阔，资源整合高效

近年来，学校有幸成为教育部中小学骨干教师培训基地及上海市教师专业发展学校暨见习教师规范化培训基地学校。得益于我们多维度丰富的教师专业成长实践，需求导向下的团队发展，激发的是教师的主体意识，为学生全球胜任力的培养营造了良性的教师文化氛围。

（三）陶冶情操，提升素养

培养学生全球胜任力，具备相关能力、视野的教师储备格外重要。相较于教师教育教学专业技能的发展，我们认为，文化底蕴的积累、全球视野的建立更为重要，但也更为困难。因此，教师精神生活的丰富与健康发展、综合素养的提升至关重要。

在学校图书馆一角，学校辟出了面向教师的"smile书屋"，提供了大量的教育经典专著，如《教育心理学》《透视课堂》《教育科研与教师成长》《第56号教室的奇迹》等，教师以必读与选读相结合的方式，将阅读和教学研究相结合，投身"学习一个理论、确立一个课题、展示一个课例"的"三个一"活动中，在学习、反思与实践之间建立纽带。此外，学校以"阅读经典，感悟文学"为主题，开展自选阅读活动。每学期教师自选一本中外经典名著进行阅读，以工会为单位开展学习心得交流。同时，"smile书屋"不定期推送推荐书目，图书内容涉及文学、历史，包括人物传记、书信杂文等作品形式，让教师在文学书海中汲取人生给养。

学校不定期地开展文化沙龙活动，组织教师欣赏、观摩经典电影、话剧等，感悟不同的艺术文化表达方式；举办"英语朗读者"活动，教师自主选择经典短篇，参加面向全体教师的诵读分享活动；学校还充分挖掘校内教师资源，让有经验的教师指导带领其他教师进行发声练习、开展体育团队游戏体验，等等。

学校还不断开辟供全体教师选择的教师社团。有体育类的瑜伽、搏击、太极，有艺术类的茶艺、手工制作、插花、古筝，兴趣社团由特长教师、家长志愿者或者外聘教师担任主持，采取定期或者不定期的方式，提供给教师们选择、学习和交流。

学校辟出校园内阳光最好的一个区域，每天上午为教师提供茶歇小点、咖啡，让教师用好宝贵的碎片化的时间进行交流、互动和研讨；学校在每个办公桌的桌角安放了置物架，让教师们放置自己养护的植物，在办公室墙面区域留出展板板块，让教师们展示办公室的风采……

在"忠信、前瞻、谦和与开放"的教师文化引领下，学校形成了一系列促进教师精神成长的实效举措，在给予教师展示个性特长的空间的同时，更是促进文化在传播中融合，使教师的视野在交流中得到拓展。

三、针对性变革教师校本研修

校本研修是教师专业发展的重要途径，校本研修的质量在很大程度上影响着教师专业发展的质量。然而，由于学校间物质基础、师资条件、领导与管理水平以及办学质量等差异，使得学校间的校本研修质量参差不齐。校本研修的目的是促进教师专业发展，"过去十多年间，教师专业发展日益被教师学习一词代替"，教师专业发展的范式已从"培训问题"转变为"学习问题[1]"，强调教师在专业发展中的主动性，强调关注教师的教学知识，教师如何学习教学，教师的认知过程，教师如何理解知识以及如何将知识运用于课堂情境中等，一切教师专业活动要以理解与支持教师真实的专业学习为目的[2]。鉴于此，学校之中有效的校本研修，应该聚焦于学科，聚焦于教学，以教研组的形式引导教师有效学习、合作，以提升其专业化水平。

在学校多年的教师队伍建设实践中，我们已经建构起了相对完善的教师校本研修体系，校本研修的主要内容也围绕教师职业道德、教师课程领导、教学与评价能力、教师管理素养、教师人文修养等维度开展。近年来，为了适应学生全球胜任力的培养，我们对原有的教师校本研修内容体系进行了重新整

---

① Fenwick T J. Teacher Learning and Professional Growth Plans: Implication of a Provincial Policy[J].Journal of Curriculum and Supervision，2004，19（3）：259-282.

② 陈霞."学习领导"视野下的校本研修建设路径 [J]. 教师教育研究，2017（5）：38-44.

合，在保留和优化原有的研修与培训内容基础上，着重增加了三个维度的研修和培训内容。

其一，教师全球理念、全球素养的学习和培训。我们统一采购了联合国教科文组织、经济合作与发展组织、国际学生评估项目（PISA）以及国内学者胡敏、赵中建等编撰的关于全球胜任力培养的书籍并下发给教师，通过组织教师自学、撰写和交流学习体会、聘请专家开展在线辅导等方式，帮助教师形成对全球素养、全球胜任力等基本概念的认知，引导教师建构起全球胜任力与自身原有知识、能力体系之间的联系，让教师形成在教学和育人过程中主动思考设计全球胜任力培养的意识。同时，我们在全体教师中共享了项目研究组对于全球胜任力研究的大量文献综述，让教师对这一领域现有的国内外研究有一个整体性的把握。有了这种认知作为基础，教师参与全球胜任力导向的教学变革就有了底气，有了热情。

其二，教师从事教学研究的方法的学习和培训。"教师成为研究者"这一极具感染力的口号如今已经逐渐深入人心，成为中小学教育、教师教育改革中的研究热点领域和努力的方向。事实上，从 20 世纪初期开始就已经出现了许多提倡教师成为研究者的理论和实践上的努力，但是直到 20 世纪上半叶，受限于研究范式、研究内容和研究水平，教师还主要是研究成果的被动接受者，"教师成为研究者"还主要停留在观念层面[1]。这一现状在 20 世纪 60 年代开始得到改观，这是因为英国的斯腾豪斯（Lawrense Stenhouse）及其研究团队不仅正式提出了"教师成为研究者"的口号，还在一系列研究计划中将其付诸实践，使之逐渐演变为一场世界性的教师研究运动[2]。从教育的发展需要看，确实需要一批教师具备开展教育研究的能力，教师工作的性质也决定了他们从事研究拥有很多方面的有利因素，特别是对于像全球胜任力培养这样的新兴领域，教师没有很多现成的经验可以借鉴，就必须依靠较强的科研能力，通过行动研究不断积累和总结行动策略。针对这样的现实需要，我们着力强化了教师科研能力的培养和提升：在理论上，号召教师学习教师如何做科研的相关文献和材料，聘请校外专家从教师如何选题、教师应该掌握的研究方法、教师科研的性质、

① 范敏. 西方教师研究运动形成的历史透视 [J]. 全球教育展望, 2015（3）: 86-97.
② 范敏, 刘义兵. 斯腾豪斯的"教师成为研究者"思想 [J]. 全球教育展望, 2017（8）: 83-94.

教师科研的成果表达方式、如何撰写项目申报书等方面，对教师的科研工作进行针对性指导；在实践上，我们围绕全球胜任力，采取教研、科研、德研一体化的运作方式，科研和教学工作计划与教学研究专题相融合，科研和德育实践活动相融合，并鼓励科研基础较好的教师通过团队带教的方式，引导其他教师开展子课题研究，使之在实践中不断积累研究经验，切实提升研究能力，以便在学生全球胜任力培养的系统研究中更好地发挥作用，凸显自身价值。

"科研小助手"团队的形成

随着学校"为全球胜任力奠基"的总体设计，科研作为学校各领域探索实践的重要抓手，成为学校深化推进全球胜任力实践研究的基本路径。在学校德研、教研、科研一体化的基础上，如何建立面向学科基层的科研规范、科研指导、科研服务和科学研究需要的科研管理机制，成为学校深化课题研究的首要问题。在针对性地分析全体教师的科研基础后，结合学校研究生学历的师资比例逐步提高，如何发挥好他们的研究力量，以及更好地吸引有科研基础的教师形成团队研究力，学校确立了"科研小助手"机制。

◇ 科研小助手由各学科推荐，根据学科教师人数的多寡，每学科推荐1~3人。

◇ 学科教师中研究生学历的教师必须参加，同时，也可以推荐其他具有良好科研基础的青年教师参加。

◇ 科研小助手采取边研究、边培训、边服务的方式进行管理。首先，科研小助手要配合学科分管教师和学校科研室，做好本学科相关课题的支持、指导、服务工作，并尽到部分管理的职责；其次，科研小助手要参加由校科研室统一组织的专题科研培训及课题指导的相关活动；再次，科研小助手要在任期内承担一项个人课题，并保证参与学科市、区级重大课题。

◇ 科研小助手任期为两年。工作成效以阶段性工作汇总及参与项目课题推进的进展来评估。优秀的科研小助手可以参与学校重大课题的设计和推进。

其三，教师跨学科教研能力的培训。长期以来，由于受传统教研模式和学科本位思想的影响，校本教研活动始终局限于分学科进行，这极不利于教师的教学，不利于学科之间的协调发展，更不利于学生综合素质的提高[①]。在开展学生全球胜任力培养的过程中，我们发现，不同学科都应该担负起培养学生全球胜任力的责任，而且都有其无可替代的学科优势，但是如果不同学科的教师之间不能够互通有无，不能够通力合作，就会造成实践之中的顾此失彼和成效低下，最终会影响学生全球胜任力培养的实际效用。基于这样的问题，我们根据全球胜任力的核心议题，探索跨学科教学和跨学科德育实践活动的项目研究。跨学科项目注重打通学科边界，聚焦关键议题，尊重学生的认知规律，开展系列活动设计。由跨学科项目带来跨学科教师团队的变化，成为学校"为全球胜任力而教"的教师培训的重要方式。通过跨学科项目驱动，组织教师开展跨学科教研活动。基于教学项目实施的跨学科教研，是指不同学科教师围绕同一个教学项目展开交流、研讨，最大限度地实现学科和教师间的优势互补，加强学科间的融合，提高教师的教学水平和综合能力，促进学生全面发展[②]。在学生全球胜任力的培养中，这是一个行之有效的方法。围绕全球胜任力这一核心命题，每学年学校梳理出四个固定的跨学科项目主题，分别是"生命教育"（春季学期）、"感恩教育"（秋季学期）、"传承民族经典，发现中国创意"（寒假）以及"寻找城市的温度"（暑假），每个年段还分解出不同的具体主题。我们形成了由课程中心分管，行政牵头，年级部长具体负责，多学科教研组协同设计，具体学科教师跨学科教研的组织网络，推动学校跨学科项目常态化推进的机制形成。

有了跨学科实践的基础，我们还要求学科研究中，教研团队要具备跨学科的视野和思维，能够建立教学内容与全球议题的有机联结，并努力提炼不同主题的跨学科教学项目，组织不同学科教师开展集中研讨，便于形成团队攻关优势，让学生的全球胜任力培养真正落实到不同学科教学之中，也凝聚起不同学科育人的集体优势。

---

① 沙育红. 跨学科合作校本教研初探 [J]. 教育导刊, 2013（11）：53-56.
② 王建良，冯霞. 基于教学项目实施的跨学科教研 [J]. 人民教育, 2018（2）：21-23.

　　此外，为教师创设国际交流和对话的各种舞台。教师的全球视野和跨文化融合的能力，需要在真实的跨文化背景下经历观念的碰撞，才能不断地拓展，教师需要在不同文化差异的背景下加强国际理解，形成国际比较的视野和格局，进而内化教师对全球胜任力的深层认识。而这种对话和交流的过程，同样也是教师加强全球协作，提升全球素养的重要途径。从学校的实践来看，这种指向教师跨文化实践的培训活动主要有四个类型。

　　第一，参与全球化的教师培训论坛。比如，组织教师参加教育部 – IBM "基础教育创新教学"项目培训、环保部国际生态学校绿旗项目等，依托国际性组织或国家机关关于教育的培训项目，以教师团队为对象，通过互动培训，增进国际比较和理解。

　　第二，参与国际教育的参观考察活动。主要依托市区的多项国际教育资源，从上海国际学校的深入式学习，到国际姐妹学校的互动交流，以及依托孔子学院海外教育资源开展对教育的深入考察，能够为我们的教师有目标地设计考察学习的主题，加强教育对话和交流提供充分的机会。

　　第三，参与国际交流与互动的实践活动。以中英数学教师交流项目为例，学校多年来组织了 6 位教师参与中英数学教师交流项目。一方面，他们承担着中英数学教育交流，辐射上海数学教育优质经验的重要职责；另一方面，由于中英数学教师交流项目既包括接待英国教师的访问，也包括中国教师赴英国中小学开展为期多周的教学示范和教研交流活动，这种方式提供了与更多的学科和教师零距离交流分享和考察的机会，因此，带着主题和问题考察英国小学教育的特点，并进行适切的比较和分析，是我们每一位参与项目的教师的重要培训任务之一。

　　第四，以学生国际文化主题活动或研学活动为载体的教师培训。全球胜任力培育如何进入课堂、如何进入活动是"为全球胜任力奠基"的重要课题。对教师来说，如何选择合适的主题，如何开展丰富有效的活动，如何加强过程性的指导与评估，如何构建有利于学生学习或活动的学习支架，如何促进学生有效的交流、表达和协作，以及如何开展相关的教学或活动评估，是需要教师们不断在实践中去探索、提炼的。我们以国际文化理解活动和研学之旅的活动设计为抓手，在丰富活动设计内涵的过程中，也在不断地精细化培训并提升教师设计全球胜任力活动的能力。相关活动有国际理解教育的"走近"系列活动（学生带着持续的研究主题走近不同的国家）、日本北海道体育艺术学生研学活动、美国教育人文研学活动等。

"平均数"教学在英国

"丁零——"铃声响起，学生们背着书包迅速地赶往下一节课的教室。这是我在英国钱德尔休姆高级中学（Cheadle Hulme High School）学校上课的第二周，这所学校设有初中部和高中部，我执教七年级和八年级数学。在这里，一天共5节课，上午4节课，下午1节课。学生们都是走班上课的，每节课都在不同的教室上，当铃声响起时，大家都会有序地赶往下一个教室。每节课有一小时，但是课间无休息时间，只有上午两节课后有20分钟的活动时间，以及第四节课后的午饭休息时间。听到铃声，我便拿着课堂练习纸走出教师休息室，和学生一起靠着走廊左边走，来到了MA4教室。

今天我要教学的是"平均数"的第二课时——平均数的计算。学生已经认识了平均数，这节课的主要任务是学生能够了解平均数的特点，并归纳出可以用"总和÷个数"的方法求出平均数。

对于平均数的教学，我已经有两年的经验。我自信满满地走入教室，呈现了问题："语文老师参加投篮比赛，分别投了9、11、12、8、10个篮球，求语文老师的平均投篮水平。"

"同学们，对于这个问题，你们是怎么想的？"

期待中学生纷纷举手的场面没有出现，取而代之的是教室里的30名学生茫然无措的眼神。这种情况让我始料未及，要知道在上海，学生早在二年级学习除法时就对"平均分"有了充分的认识，五年级学习"求平均数"时会自然地想到用除法，并且在类似问题的解决过程中，水到渠成地归纳出"总和÷个数＝平均数"这一方法。

"难道是他们不擅长阐述自己的想法？嗯，应该是这样的。"我心里暗暗想道。

"这里的关键是要平均分，想一想，要得到平均分，我们一般用怎样的算式？"我尝试降低对学生表达方法的要求，只要求学生给出相应的算式。

然而，教室里依然是一片寂静，学生们仍然睁大眼睛看着我，好像从来没有接触过相关知识一样。

一位英国数学教师（我的助教）实在看不下去了，赶紧打起了圆场："之前在学习中，我并没有向学生强调对除法含义要有深刻的了解，所以大部分学生无法想到用除法来得到一个平均值。他们更习惯于用分圆片的方法来解决这样的问题。"

好吧，那就从学生的实际出发，尊重学生们的意愿。我呈现出了实物图，让学生用画图的方式来求题中语文老师的平均投篮水平。很快，学生们热热闹闹地忙着画起小圆圈来，不久后，便有人想到了可以通过把分组中多的圆片移到圆片少的组去，使得每一组的圆片数量相等来解决问题。

课后，我不禁感叹，在英国，学生更喜欢用画一画的方式，通过这种"移多补少"的方式来解决求平均数的问题；而在中国，学生们通常因为觉得计算是最直接并且快捷的方法，更多的学生一上手就能够直接给出算式并归纳出解决这类问题共同的方法。

虽然在英国只有短短的一个月的时间，但是有一点非常明显——无论是计算题、应用题，还是几何图形题，英国的学生总能用各种不同的方法来解决问题，其中最受欢迎的莫过于教师用一些实物图片，或者是学生用画图的方式，直观、形象地来帮助思考。英国学校的每一节课都是一小时的大课，英国教师经常会用这长达 1 个小时的课放手让学生自己去探索方法、解决问题。所以，初次感受他们的课堂，我被这种"慢节奏"震惊了。

在我们学校，每周都有一节 1 个小时的数学大课，在实践中，我们通常会将需要学生动手操作、理解的内容或者是需要学生充分交流、讨论的内容等以大课的形式进行呈现。如何借鉴英国教育中的优势，给予学生充分的自主学习、自主探究的时空保障，如何发挥中国教育中的优势，调控好学生的学习，这些都是我们未来需要进一步思考与努力的方向。

（本案例作者：黄佳妮）

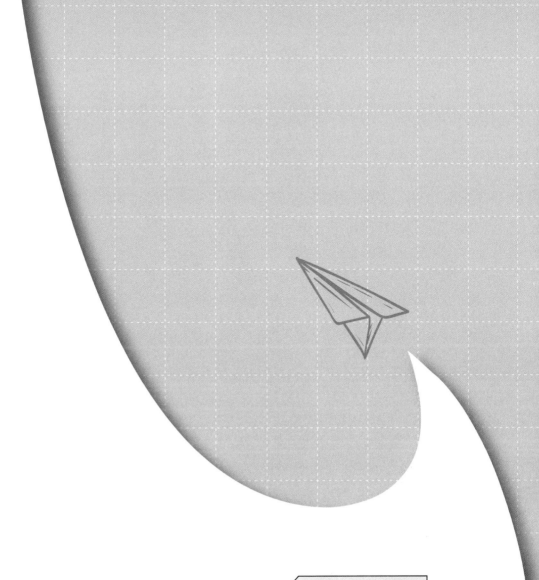

第六章

在高效协同中优化治理：
学生全球胜任力培养的保障体系

通常而言，学生的全球胜任力需要通过全球胜任力教育来培养。全球胜任力教育以多种全球教育模式的理念为基础，如多元文化教育、国际理解教育、环境教育和世界公民教育等，尽管关注的重点和领域有所不同，但最终目标都是培养具有全球胜任力的公民。在指向学生全球胜任力培养的学校教育变革中，打造全球胜任力培养的课程体系，设计有利于培养学生全球胜任力的教学策略以及建设适应于全球胜任力教学活动的教师队伍，这是全球胜任力培养的通行策略，也是基本策略。但是，就全球胜任力的内涵而言，全球胜任力并非一种单维度的能力与素养，也并不只是知识与技能维度的集合，而是在特定情境中，通过使用和调动心理社会资源（包括技能和态度），以满足国际理解、合作和解决国际复杂需求的综合能力。因而，培养学生的全球胜任力不能单独依靠某一领域的变革，而是需要形成学校育人体系的整体联动，特别是要通过有效的学校管理、评价改革和多元主体的通力合作，形成协同育人机制，为学生全球胜任力的培养提供全方位支持与保障。

第一节
效率导向的学校治理

推动学校治理体系和治理能力现代化建设是当下教育变革关注的重要问题。治理是指对公共事务或专门事项进行管理的组织、制度、规则及其运行方式，学校治理本质上就是学校各主体对在办学过程中所表现出的教学与管理等行为的引导、肯定与匡正的过程，其目标是使和学校利益相关的众多主体共同参与到教育管理事务中，使各方都享有平等的管理权益，并履行其应负的责任。结合学校治理目标的内涵可知，学校治理目标需要通过多元主体合作实现，而相关事务由多个主体合作解决。学校治理的直接目标是学校教育的利益相关者共同参与到其中，合作处理相关事务，实现多元主体的良性合作，集结多方智慧，推动学校事务的解决①。简而言之，优化学校治理，归根结底就是要集合和利用更多方面的力量与资源，以"共治"求"善治"，更高效率地实现学校内涵发展，更具针对性地解决学校各类问题。

在学校治理背景下，教师作为学校内部管理的核心要素，是对学生发展、教育教学改革等方面的情况体会最为深刻的群体。吸纳教师参与到学校管理中不仅仅是法律的要求，更是完善学校内部治理体系、实现学校民主管理的需要。但是，从目前关于教师参与学校管理的实践和已有的实证调查来看，当前教师参与学校管理的情况不甚乐观，实际参与学校管理的程度明显低于教师的期望②，并存在诸多问题，其面临的现实问题具体表现在四个方面，即"教师无法参与""教师无效参与""教师不愿参与"以及"教师过度参与"③。这四个方面的问题，都有赖于通过管理体制、机制的变革，释放教师的发展激情，增加

---

① 俞森，马钟范. 建构多元主体合作关系：现代学校治理体系建构的实践导向 [J]. 教育理论与实践，2020（4）：19-23.

② 楚江亭. 中小学教师参与学校管理研究 [J]. 中国教育学刊，2009（8）：39-43.

③ 侯玉雪，张烁，赵树贤. 学校治理背景下教师参与学校管理的困境及对策研究 [J]. 教育理论与实践，2019（13）：29-32.

教师的管理效能，让教师真正成为学校各类事业发展的重要参与者和推动者。

对于学生全球胜任力的培养而言，这一系统性的变革固然需要学校层面的整体性顶层设计，但是，其实际成效的取得还需要教师在实践之中的主动参与、主动思考和主动建构。在这一过程中，教师是否有机会、有意愿深度参与这一变革，是决定全球胜任力培养能否达到预期成效的关键元素。因此，在我们看来，有必要通过学校管理体系的重塑，减少管理流程，提升管理效能，保障教师的学校治理参与权，从而让更多的教师以更加饱满的激情参与学校管理，参与学校的核心工作，也为学生全球胜任力的培养提供直接支持。

一、依托机构变革，提升管理效能

学校的有效运行源于高效的学校管理。从某种程度上说，管理就是经营，效果和效率是管理中尤为重要的方面，效果意味着用正确的事情被做来提供有价值的东西，效率是指充分利用各种资源使之不浪费。既有效果又有效率才是成功的管理[①]。在效果和效率的平衡中提升学校管理效能，这是现代学校治理的内在要求。回溯学校的发展历史，我们特别注重通过管理机构的变革与创新，减少管理流程，扩大治理主体，最终提升学校的管理效能。

为了更好地积极回应人民群众追求公平而有质量的教育需求与优质教育发展的不均衡、不充分之间的矛盾，集团化办学成为教育领域中供给侧结构性改革的重要举措。集团化办学从区域教育整体发展的视角出发，以龙头学校为引领，扩大了优质教育资源在区域内的覆盖，能在最短时间内以最快速度高起点地解决区域内优质教育均衡发展的问题，实现了基础教育公平与效率的双赢[②]。从现代教育治理的角度看，集团化办学不仅是促进教育优质均衡发展的有效路径，也是优化学校治理，提升教育整体治理水平的重要挑战。

从现实的情况看，政府主导、名校引领和质量提升是指向优质均衡的名校集团化办学的主要特征。而这种政府主导的校际合作共同体，采用何种理念、

---

① 张雄. 教育领导与教育管理的本质初探 [J]. 陕西教育学院学报，2008（4）：1-4；9.

② 张万朋，程钰琳. 区域教育治理视域下集团化办学成效分析——以上海市 J 区单一法人式集团为例 [J]. 清华大学教育研究，2019（4）：113-122.

工具和行动，才能够实现自身的有效运转，进而真正达成名校集团化办学的原初目标——以校际合作和优质资源共享促进普通校质量提升，是名校集团化办学所要思考的首要问题[①]。从实践看，各个名校教育集团为实现上述目标都不约而同地把目光转向了学校治理，而且部分名校集团化办学模式在教育资源重组、制度建设创新发展、学校管理更趋优化等方面已经初步显现现代教育治理的雏形[②]。在我们看来，现代治理的理念是在新的社会发展阶段推动集团化办学走向优质的重要手段，同时，反过来说，集团化办学的实践探索，也是一种区域教育治理、学校教育治理的新样态。通过集团化办学模式的探索，让优质教育资源在更高的平台上发挥集聚和引领价值，这对于更好地实现人才培养品质的提升有直接的价值。

2017 年 2 月，上海市大宁国际小学以"名校 + 新校"的模式，推进区域单法人教育集团的试点。集团化办学，成为学校优化学校治理，深化全球胜任力改革的重要课题。按照集团化办学的背景和目标，我们在学校治理上，做了积极的探索和设计。

我们确立"一核两翼"的发展战略。"一核"即以学校优质教育品牌"微笑每一天"办学理念为核心，坚持集团理念的整体性和统一性；"两翼"即着眼两个校区，加强优势互补，致力于推动中西融合的基础教育国际化，促进教师和学生的共同成长。

同时，我们进一步细化管理职能。集团实行总校长领导，集团事业发展指导办公室协同，副校长校区执行，两个"中心"（课程教学研究中心和学生发展研究中心）具体操作，年级部长全面负责，全体教师共同参与的组织运作机制。

集团总校长对集团发展规划、全面质量、师资培训、人事管理、后勤服务等进行全面管理与负责。各校区执行校长根据集团总体规划和要求，分校区全面落实执行。集团事业发展指导办公室主要承担集团人财物统筹管理与质量保障，学校文化建设、宣传交流与全面基础质量评估，课程资源技术与福利

① 张建，程凤春. 名校集团化办学的学校治理：现实样态与实践理路 [J]. 中国教育学刊，2016（8）：16-22.

② 费蔚. 从管理到治理：区域推进义务教育优质均衡发展的体制机制创新 [J]. 教育发展研究，2014 (Z2): 13-20.

等方面的服务与支持，履行日常行政事务管理，重大会议、重大活动组织服务管理以及教育教学常态综合协调三大管理职能。各分校区设立课程教学研究中心和学生发展中心。其中，课程教学与研究中心主要负责课程研发、实施和评估，学生学习质量管理与评估，以及学科教学研究；学生发展研究中心主要负责加强学生研究，负责学生活动设计、学生行为习惯养成教育，增强学生社会适应力，帮助学生形成一定的领袖气质。

伴随集团化办学机构设置的变革，表面上看是学校管理体系的变革，但是其深度的影响则体现在课程与教学领域。课程的领域和开放性进一步扩大，国家课程、地方课程、校本课程进一步融合，国际课程、合作课程引入力度扩大，各领域的教学改革也风生水起，这些过程，得益于我们以课程为核心的部门职能和部门联动的设计，这种设计，也必然能够为学生全球胜任力导向的课程与教学变革提供支持。

二、实施扁平管理，分享治理权利

教育变革从来都不是件容易的事情，试图通过一次大规模的教育改革解决所有的教育问题亦是不现实的。研究者们曾总结出三种学校教育改革的策略：自上而下、自下而上和自中而上[1]。而其中，以"自上而下"的策略居多。教师往往处在变革底层或是边缘。他们通常会被假想成能很好地贯彻改革者理念的人，虽然事实并非如此，而在改革出现困难甚至错误时，他们又往往会因为"执行不力"而受到苛责[2]。随着现代学校治理的演进，教师参与学校管理变革的权利越来越受到重视，如何通过管理体系的变革分享学校的治理权利，让教师和其他教育主体更多地参与学校各类事务，越来越被视作一种学校管理优化的重要体现。

作为校长，常常不愿意听到这样的话语："校长，你怎么说，我们就怎么做""校长，你说这件事情怎样，那件事情怎样？"管理需要沟通，但是如果

---

① McNeil J D. Curriculum: A Comprehensive Introduction, the 5th Edition[M]. New York: Harper Collins Publishers，1996.

② 张侨平，林智中，黄毅英. 课程改革中的教师参与 [J]. 全球教育展望，2012（6）：39-46；38.

校长陷入这样琐碎细小的旋涡中，那校长就太辛苦了。学校除了教育教学职能之外，还有很多社会性组织的功能，比如档案、人事、食堂、卫生、信息化等，作为学校管理者，这些工作都应该在校长的视野内，但是，这些专门性的领域，需要专业的人员去管理与创新。校长的主要角色还是应该在学校发展的决策上，具体的执行、操作就需要依靠学校的中层管理人员和教职员工。因此，身为校长，要善于授权，只有通过合理的授权，才可能为中层管理人员、教师提供更丰富的工作经历，激发他们的工作积极性、自觉性、主体性和创造性。而且这个授权，不仅要授管理之权，更要关注授领导之权。

授权首先要明确职责。职责根据任务、项目或者岗位的需求来设置，不管是行政层面的中层岗位，还是项目或者工作层面的岗位授权，都要规定职责范围，不要无故错位、越位。当然岗位职责的设定可以根据需要调整或者创设。比如，学校设立学科大组长的岗位，其职责就是组织组际教学研究、交流、分享，关注多学科的学生活动设计。我们还设立校级培训师，聘请经验丰富的教师担任某一领域的教师培训带教工作。学校体育组要担负学校体育活动与竞赛的各项组织工作，美术学科教师要承担校园环境美化的部分职责，卫生人员、工会要承担维护校园环境整洁的职责，学生日常卫生保健由卫生室负责，并且部分职能授权到大队部，由学生自己管理自己，发挥日常监督、指导和优化的职责。学校有艺术总辅导员、科技总辅导员等，都有其明确的岗位职责和要求。

在这些岗位授权当中，中层授权是至关重要的。可以说，中层管理人员是学校的执行层，他们的智慧、努力、工作的执行力和创造性，决定了学校真正的发展水平。在学校，我们非常注重通过岗位职责内容的挑战性来增强中层的责任感、主体性。我们实施组织机构改革，进一步理顺了部门职责，目的就是促进中层进一步提升课程视野，确立课程核心理念以及增强系统思维和协调组织能力。

为了确保办学质量的高位稳定，学校首创分管主任蹲点与年级部长全面负责的扁平化管理机制。集团内每个校区每个年级都由一位分管主任（助理）和一位年级部长全面负责整个年级的基础质量稳定、特殊学生的跟踪与辅导、学生年段德育目标的落实以及年级部活动的策划与推进等内容。通过这样的运作机制，突出两个方面的优势：首先是管理的重心得到下移，年级部的作用得到了最大化。有利于发现师生互动或管理中的问题，并解决问题，也有利于发现经验，及时推广、宣传，进而实现整个校区教育教学有序。其次是提供年级部长锻炼实践的平台。如在年级部管理的过程中，涉及不同学科教师之间的统筹安排、相互协作；涉及基于学生综合发展的活动设计以及相关的家长资源、课程资源的整合与调配等问题。

分管主任蹲点，年级部长全面负责，使得每一位中层除了要履行自己部门管理的职责以外，还要深入整个年级，全面负责该年级的各项事务，相当于一个"小校长"的角色。增设这个职责的目的是要通过岗位体验，丰富中层对课程、教学、教师发展和学生发展等各项事务的熟悉体验，在纵向管理的同时，也能够进行横向管理，增加部门之间更密切的合作与更顺畅的协调。同时，年级部长也得到了进一步授权，在减轻中层在年级管理上的具体事务工作量的同时，协助分管中层，得到了能力方面的锻炼。

这项举措带来了许多可喜的变化，首要的变化是年级组的教育资源价值得以充分彰显。比如，原来的综合实践活动是以学校层面开展，随着班级规模的扩大，这样的组织限制了综合实践活动应有的课程整合的要求。通过年级组授权，以年级为单位的综合实践活动更加丰富地开展起来了。而且活动过程中，年级组内的家长资源得到了更为充分的整合和利用。在这个过程中，年级家委会和班级家委会的职责和积极性得到了有力的调动和凸显，保障了学校基层组织的有效运作。现在，学校有许多举措都得益于年级组层面的创意，如家长课堂最先就来自年级组的提议，当代家长群体的教育资源非常丰富，他们的学业经历和职业生涯特点成为非常重要的课程资源。各年级组诞生了许多经典的家长课堂。比如，"小小拍卖会"活动中，有健康投资、"刷不完的信用卡"、一次旅游等可供拍卖，每个学生只有 2000 元"货币"，他们会怎样选择，选择中会透露出他们怎样的价值判断？又如"清明上河图"课堂，来自世博会技术团队的家长，将世博会上中国馆动态版《清明上河图》的制作过程娓娓道来，技术和艺术的结合让孩子们叹为观止。这些优秀的家长课堂，都被吸收放大到学校课堂当中。再比如年级组最先尝试的学生小报，最初是为了给年级组的孩子们创作分享之用，精美的版面设计、丰富的版面内容受到了学生们的热烈欢迎，于是这份"报纸"开始将业务拓宽到全体学生，每月一期的学生报纸成了学生练笔、分享的重要平台。

年级组授权带来的第二个变化则是竞争机制的引入。随着年级组的授权，不同年级组在活动策划、特色创建、家校合作等领域都有了自主发挥的空间，随着主体意识的增强，年级组的特色发展开展得有声有色。比如，某学年度，一年级组的特色就是青年班主任的互助发展，因为一年级组除了年级组长是经验丰富的资深班主任以外，其他班主任都是新上岗的年轻教师，在班级管理经验、教学经验、学生教育经验上都存在一定的不足，因此，通过分管中层与年级组长的共同设计，这些年轻班主任就围绕如何根据各自的风格，加强有针对性的班级管理的特色创建为主题，开展了合作互助的自培计划，取得了比较明显的进步。

年级组授权带来的第三个重要变化就是对特殊群体学生的关注和对策有了明显的加强。年级组立足于学生的年龄段，同一个年级组的学生发展有其共性，当然也会存在很多个性差异，通过年级组内的学业分析和学生情况分析，群策群力，能够更合理地分析特殊学生的情况，并通过部门协调和群体研讨，形成更有针对性的指导性意见，这比以班级为单位或者由课程处、学生处牵头的特殊学生辅导来得更扎实，也更有效率。

因此，除了行政部门的管理之外，学校涉及的日常管理是非常烦琐的，要通过明确职责、创设岗位，来发挥不同主体的参与热情和主动性。

授权的同时要"授予"信任。在学校授权的过程中，常常可能会有新的岗位需要开拓，或者有新人接受岗位，这都需要有一个适应和熟悉的过程。身为校长，首先，还是要努力做到知人善任，能够了解教师的不同特点，针对性地用人。其次，要能够用鼓励、宽容和等待的态度对待教师，教师的工作智慧、工作热情需要建立在工作自信的基础上。当然，校长还需要通过机制创新、通道创新来给予教师培训的机会，不断提高其对岗位的适应度。

有时候，教师只需要学校能够给予一粒希望的种子，就会认真努力地呵护它发芽成长，就算失败，也无怨无悔。在我们的学校里，英语教师、科学教师、数学教师也会担任班主任工作；教龄不到3年的教师就能担起教研组长和年级部长的责任；每一位教师都有自己的目标和努力的方向。身为校长，为他们的成长创设条件，给予信任，有了这个过程，比最后的结果都要来得重要。

当然，授权不等于放权，无约束、无评估、无监督的授权会造成不必要的失权、滥权，造成实际工作上的障碍，那样就达不到授权的初衷。所以，我们要通过制度、标准、反馈来不断地加强沟通、互动，让授权的过程成为学习的过程、成长的过程、服务的过程、提升学校内涵的过程。

学校的岗位很多，但无论在哪一个岗位上，我们倡导教师都要做到四个坚持。

一是坚持制度。制度是维系学校正常运作的底线和保障，也是学校教育教学的准绳。学校无小事，任何细节都需要以制度的约束来衡量。比如，天冷了，在办公室使用各种电热取暖设备的现象开始抬头，这是安全上的隐患，工会和后勤就必须依据制度巡查提醒，杜绝这种现象。有时候教师太忙碌，各种需要调课代课的事情多了，很多教师就开始私下调课代课，而到了课程处层面，调整课程的时候就发现安排上存在不少漏洞，因此，课程教学研究中心就必须强调调课代课的制度，要做到整体调配，允许教师个体之间协调，但是必须报备。2分钟预备铃是学校留给教师提早做好准备，进入教室，保障课堂教学时间的一项制度，课程教学研究中心、学生发展研究中心要及时检查和反馈，提醒每一位教师准时进教室，帮助学生做好课前准备或者热身。制度是落实学校精细化管理的具体体现，制度是规范，是学校正常有序运转的基础，身为中层管理人员，心中时刻要有制度的准绳。

二是坚持标准。标准是工作要求的具体体现。学校每逢有重大接待，需要准备水果、点心和茶水，而物业服务人员手上就有一把尺，这把尺用来确定水果、点心到桌边的距离，而且茶水、点心、水果的摆放位置都很有讲究，虽然他们是普通的后勤人员，但是他们在工作中就是能够摸索制定出高标准，并坚持标准。同理，我们各项岗位都要有一定的标准，没有标准，也要根据实际情况探索和建立标准。比如说备课的提前量、不同教龄的教师备课的细致要求、二次备课和教学反思的要求，这些就要求教研组长层面牢牢把关。教研组长组内听课，中层视导听课，师傅听徒弟的课等这些教研活动的要求，还有比如教师家访、作业批改等，都有具体的标准。坚持标准，才能进一步优化标准，提高工作的效率。

三是坚持品质。美国校长理事会的校长参访我们学校的时候，对我们学校的校本机器人课程非常感兴趣，当了解到我们的课程包括了从基础结构，到程序编程，再到独立任务的解决的序列培养体系的时候，不由惊叹："这种课程，在美国，要到大学才有。"2012年8月，我们的学生合唱团受中国合唱协会邀请，赴德国、匈牙利、奥地利和捷克四国访问，并在维也纳音乐协会金色大厅演出。尽管每天都在换宾馆，在不同的城市中穿梭，但是孩子们依然微笑面对。金色大厅的表演是行程的最后一天，孩子们已经疲惫不堪，甚至有孩子发烧了，但是他们还是光鲜亮丽地站上了金色大厅的舞台。表演结束，合唱协会的负责人激动地对我们的领队教师说："你们的孩子是最有气质的。"在我们看来，品质是我们对学生成长的承诺，是我们教育教学价值的外在呈现，是学校内涵的核心内容。所以，坚持品质，是学校不断进步与发展的基础。坚持品质，也是坚持教师自我价值追求的不断完善。

四是坚持服务。任何授权的岗位，拥有权力，就需要谨慎地对待权力。岗位权力的价值体现，就体现在服务上。教师要为学生服务，组长要为组员服务，师傅要为徒弟服务，中层要为具体一线的教师服务，校长要为全体教师和学生服务。教育就是一种服务，在学校，没有"官"，权力代表的是责任、信任以及教师自身的能力。

对于学生全球胜任力的培养而言，扁平化管理促生的是教师的深度参与以及学校治理保障的不断优化，教师有了更多的热情投入这一系统性人才培养变革的思考和探究之中，所形成的思想和结论也能够有更多的渠道和可能进行传播，因而，学校的全球胜任力培养变革在实践中能够顺畅地进行。

第二节
协同导向的共育模式

现代教育是一个整体性的系统工程，需要建构完善的教育生态圈。就教育的核心价值——促进人的生命成长而言，学生既需要源自学校教育的滋养，也需要通过家庭教育、社会教育等获取更多的成长有利元素。因此，建构现代学校教育治理体系，推动新时代学校变革与发展的一个重要问题就是要理顺学校内外部关系，有目的、有计划地吸引外部治理元素共同参与学校变革，特别是要努力形成学校、家庭、社区共建共育的良好育人体系，为学生的全面发展以及综合能力与素养的提升提供尽可能多的支持。对于学生全球胜任力的培养而言，因为全球胜任力本身内涵与要求的丰富性、复杂性，也就决定了全球胜任力的培养往往不能仅靠学校教育这一单一主体，学校能否从实际出发，综合利用各类资源，形成家庭、学校和社会的共育模式，这是决定学生全球胜任力培养成效的关键问题。

一、家校共育体系的建构

在现代教育治理体系中，家庭被视作一种重要的治理资源，推进学校治理体系的现代化建设，一个重要的向度就是有效吸纳家庭参与学校治理，发挥家庭、学校的协同育人作用。家庭是社会的细胞，也是教育事业发展的重要支持力量，如何跳出传统的家校合作思维定式，从推进学校教育治理体系现代化的角度重新审视家校合作共治的新理念和新路径，不仅关系到学校整体的内涵发展和品质提升，关系到学生成长的完整的育人体系建构，也在很大程度上决定了基础教育办学体制改革的有效性水平。

（一）对家校共育理念的认知

实现家校共育的基础性问题是如何认识家校合作所具有的价值，近年来，随着家校合作问题研究与实践的深入，人们对于家校合作价值的认知也越来越丰富，比如家校合作能够沟通学生最重要的两个生活世界，实现学生教育在时空上的有效衔接，为学生成长构筑完善空间；家校合作能够增加教师和家长互相间的理解和互动，促进教师和家长更好地自我反思和成长；家校合作能够为学校带来更多的教育资源，造就学校改革发展新的动力源等[①]。这些分析呈现了现代教育发展过程中促进家校合作共育的丰富价值。家校合作通常分为三个层次，即交流式合作、人际参与式合作和管理式合作。交流式合作以教师和家长的交流为主要特色，其主要目的是学校得到家长对孩子教育的支持，家长了解孩子在学校的日常表现；人际参与式合作的特点是家长作为学校活动的自愿参与者，为学校提供无偿服务或赞助，帮助学校解决各领域的实际问题；管理式合作中，家长通常作为学校教育的决策参与者，参与学校的管理。从目前的实际情况来看，大多数的家校合作属于第一、第二层次，管理式合作还比较少，家长作为学校治理合作者的身份没有得到充分的体现，家长的学校治理参与权利没有得到相应的保障，这实际上也勾勒出了未来家校共育变革与深化的方向。

（二）对家校共育路径的探索

在我们看来，在儿童成长的过程中，家庭是儿童最基本、最重要，也是最持久的生活环境。在过去的办学实践里，我们追问，学校与家庭应该是怎样一种关系？教育家马卡连柯说："谁在教育儿童？是家庭，还是学校？既是家庭，又是学校。"我们从中得到了一些启发。我们一直认为，学校和家庭就如同一个人的左手和右手，没有谁比谁更重要。作为教育工作者，只有双手紧握，才能共同托起孩子未来成长的天空。

探索现代家校社区合作是我们从大宁国际小学建校之初便在思考的问题。走

---

① 黄河清，马恒懿. 家校合作价值论新探 [J]. 华东师范大学学报（教育科学版），2011（4）：23-29.

过几年的探索之路后，再度反思，如何才能打破学校与家庭之间的壁垒，从而形成家校合力呢？也许，我们首先要做的不是变革，而是倾听，倾听来自家庭的心声。

随着社会的变革，并基于学校地处国际社区的环境，我们看到，学生家庭结构的特点日益呈现出新的时代特征。通过学校的学生家庭状况调查，我们得知，当前学生家庭父母学历普遍较高，67% 的家庭父母都是本科及本科以上学历。家长的高学历以及职业分布的多元，使得家长对教育的理解和对学生发展的需求呈现出丰富多元的特点，家长群体对于和学校沟通、共同进步的需求也日益迫切。比如，家长强烈希望了解孩子所在的学校课程、教学、文化、管理等各个方面的情况、学生的体验与经历，强烈希望自己能为学校的发展、孩子的成长作出自己的贡献。良好的家庭教育是学校教育非常必要的保障，也是服务内容之一。当然，与这些美好期待与愿望相伴随的是，现代职业多元化的特点也造成了第三代教养、单亲家庭、全职妈妈、跨国婚姻等一系列教育问题的产生，家庭教育面临着新的挑战。

在正视了学校教育所面临的来自家庭的期待和问题后，我们通过与家长交流，再度领悟到，其实教师资源是有限的，没有家长的帮助、支持和理解，学校无法变革，家长与学校应在教书育人上达成一致，形成共识。对于学校教育而言，家长资源当然是一笔莫大的教育财富。而每位家长不同的职业经历、人生经历，是为学生成长提供最为丰富的人生财富的强大社会资源。家长可以成为，也必须成为学校办学的良好伙伴和宝贵资源。

一致的呼声，让我们的家校合作理念应运而生。学校创新思路，提出"家长参与学校改革计划"，倡导三种家长角色意识——家长是学生成长的第一责任人，家长是学校发展的志愿者，家长是学校办学的监督者，以增强家长育人责任，突破家庭和学校的壁垒，促进家长和学生的共同成长。如此理念的提出，成为大宁国际开放办学、民主办学的起点。

在我的理想中，开放办学应当使学校成为智慧碰撞与共享的地方。而只有营造一个"和而不同"的氛围，智慧才如水般海纳百川。和而不同，意味着群策群力，民主和谐，共同发展。只有在依法办学基础上，激活民主机制，使家长真正参与学校变革，使家长角色的转换真正落实，充分发挥家委会的职能，才能为家校合作架起共生共荣的桥梁。

首先，优化学校三级家委会运作机制。

三级家委会机制是学校推进家校共育的基础，也是学校优化家庭教育指导的重要载体。学校三年一届的家委会选举，秉承"家长参与，深化合作育人"的理念，学校各级家委会的选举、组建和职能处在不断转型发展中。以2016年学校三级家委会换届选举和组建新一轮三级家委会的过程为例，全体家委会会议完全是由新一届校级家委会负责策划和筹办，对家委会职能分工和转型目标作了具体的阐释。在新一届校级家委会会长的主持下，划分了宣传部、志愿者部、学习部、外联部等多个职能部门，推出了各种实施计划，为学校和家庭在"微笑"理念下共同谋求学生幸福开启了新的篇章，也为学生全球胜任力素养乃至其他领域的全面发展提供了源于家庭的支持。

其次，推进轮值家长参与学校管理的机制。

家校联动的目的就是加深学校、家庭之间的相互理解，破除家庭教育与学校教育之间的壁垒，确保教育的一致性，进而实现共赢。然而实践中，学校也发现，家长对学校日常管理的了解深入程度、参与的频次等还是比较有限的。因此，在家校互动的形式方面仍须突破，尤其是在深化联动机制和改革运作方式上要进行更加大胆的革新。

2011年，为了更好地发挥家长的作用，经过学校教育议事委员会协商讨论，学校确立了"轮值家长制"。一方面，通过邀请家长参与学校日常的学习、生活和工作，对学校开展的教育教学活动进行监督，规范学校日常的管理与运作；另一方面，通过轮值家长制，让更多的家长了解学校教育教学和管理的常态，在理解、认同学校文化的同时，从第三方的视角，对事关学生和家长切身利益的事项提出意见和建议，广开言路，促进学校办学品质的进一步提升。

轮值家长从机制建设上保障家长参与学校治理的路径和方式。每天，学校每个校区有2~3位家长承担轮值家长的工作，轮值家长仅限在校学生的父母亲。周一至周五的轮值家长安排，原则上对应的是学生所在的年级：如周一对应一年级家长，周二对应二年级家长，以此类推。轮值家长的工作时间是从上学时间开始到放学时间结束。在校期间，轮值家长须佩戴好胸卡，带好记录表（参见表6-1），通过巡查，可以对校园环境、课堂教学、学生活动、午餐等各种事项进行监督评估。

表 6-1　轮值家长工作记录表

日期	___年___月___日　周___		编号	（校方填写）
岗位人员	学生		班级	
	家长		电话	
	岗位内容		工作记录	
工作记录	1. 关于课堂秩序：请家长在上课时间进行巡视，关注是否有拖堂的现象、违反纪律的现象、个别孩子没有参与上课的现象，等等			
	2. 关于健康卫生：请家长在课间时间进行巡视，关注学生是否参与眼保健操、大小活动情况、厨房的卫生情况、中午食堂的伙食及卫生情况，等等			
	3. 关于安全隐患：请家长在课间时间进行巡视，关注学生是否在课间奔跑，本周中队值日学生是否到岗并履行职责，上学放学的秩序是否良好			
	4. 关于设施完善：请家长在巡视时，关注各个教室是否开设图书角，学校饮用水的提供，厕所、洗手液的使用是否正常，是否在设施方面存在安全隐患，等等			
	5. 家长投诉接待：对于家长投诉的内容，如果可以解释说明的，先进行初步的解释说明工作，如果不能的，请记录下来，将家长投诉的内容反映给校方		投诉人： 投诉内容：	
建议				

学校轮值家长机制是学校开放办学、民主办学、科学办学的重要举措，是落实家校联动、形成家校合力的重要载体。轮值家长制度不仅提供给家长履行对学校常态教育教学工作的监督职责的机会，也是为家长深入了解学校教育，参与学校管理提供了一个窗口。学校轮值家长机制得到了《解放日报》等主流媒体的报道，学校也多次在市、区各类平台交流轮值家长的经验和做法，轮值家长的制度设计和操作经验经历了实践检验并不断完善，为更多学校推动家校互动提供了非常直接的借鉴经验。

再次，建设家长学校，丰富家庭教育指导。

苏霍姆林斯基曾经说过，孩子就像一块大理石，要把他雕刻成像需要 6 位雕塑家，分别是家庭、学校、儿童所在的集体、儿童本人、书籍和偶然出现的因素。所以，就孩子成长的全过程而言，对孩子的教育无时不在，无处不在，而排在第一位的，是家庭。学生全球胜任力的培育，需要以良好的家庭教育环境为基础。而当下学校家庭教育指导的突出矛盾，不在于有没有家长学校，而是日益增长的高学历家长群体对多元化、高品质的家庭教育与学校家庭教育指导力量（特别是教师家庭教育指导力）的提升之间的矛盾。因此，家庭教育指导的课程建设，成为学校优化家庭教育指导，推进全球胜任力家校共育体系的重要课题。

2019 年，学校推出第一本家庭教育指导读本《爱与责任——小学生父母修炼手册》。它的出版，是学校加强家庭教育指导课程建设的重要标志。该读本从读懂孩子、引导成长、营造环境等三个方面介绍了 27 个家庭教育的话题。这些话题的来源有三个：

其一是以往家长学校的经典话题。

比如，有许多新生家长所关注的话题"入学，准备好了吗？"，还有为了发挥父亲在家庭教育中的作用所研发的话题"爸爸，请你走过来"等，这些话题对今天的家长来说也同样适用。

其二是家庭教育调研分析归纳出的需求话题。

通过前期调研，我们发现，许多话题是比较集中的，比如无论家长学历多高，面对孩子的作业问题还是会一筹莫展，亲子沟通的困难也成为许多家长的困扰，青春前期孩子的心理变化带来的行为改变让很多家长如履薄冰，等等。

其三是来自教师对家庭教育的期待的话题。教师和家长的接触最密切，他们用独特的视角告诉我，一个好的家长，是孩子能够背书包的时候，让孩子自己背；一个好的家长，是让孩子从整理出一张干净的书桌开始去培育专注力；一个好的家长，是能够把餐桌变成"大学"，引导孩子去探索、发现和交流……这些话题，可能是某些家长的盲点，却是教师对家庭教育的独特呼唤。

针对这些话题，读本编写组整合了家长、教师和出版社三方优质资源，进行课程内容的设计和开发。每一个话题，都以简短、聚焦、可读性和指导性兼备的短文形式呈现，将学校家庭教育指导的优质资源固化，可复制、可推广，使得话题也同样能够随着时代发展而与时俱进。

结合读本开发，学校还进一步与社区联动，开发与读本相配套的短视频及音频教材，利用信息技术，丰富家庭教育指导的方式和手段，增强家庭教育指导内容与用户需求的适合度。

二、社区联动机制的形成

新世纪的学校教育是在一个前所未有的复杂环境中进行的，制约青少年成长的因素更加复杂，学校教育的封闭性与社区外部环境的开放性的矛盾更加突出，单靠学校封闭式的教育已行不通。通常而言，社区蕴藏着无限的教育资源，大量的人力、物力、财力的投入，比如各种现代化的设施，为学校教育的延伸提供了广阔的时间和空间。开展社区教育活动有利于合理开发社区资源，转变学生的学习方式，改变学生单一的知识接受性的生活方式，强调通过学生的实践，构建一种积极主动、自主探究合作的学习方式，适应素质教育的要求①。将社区教育与学校教育有机融合，通过社区学校教育联动机制的建构，有助于将社区优质教育资源引入学校教育体系，特别是对于大宁国际小学而言，周边社区的国际化水平非常高，这些优质资源的引入和利用，能够为学生全球胜任力的培养提供更多支持。

---

① 火兴辉 . 学校与社区教育"如何有效接触" [J]. 中国校外教育，2020（3）：1–2.

随着大宁国际社区的应运而生，并逐步走向成熟与繁荣，教育服务的优质配套，成为国际社区建设的迫切需求，这就是大宁国际小学创办的直接动因。

学校作为国际社区板块建设的重要内容，从创办起，就承担起探索基础教育国际化的使命和责任。国际社区多元构成的家庭对高品质教育的期望，境外家庭渴望优质基础教育的需求，这些特殊的社区背景和国际元素，是学校办学发展面对的现实，也是未来上海国际化大都市进程中教育改革必须回应的重要课题。

有人说，没有利用社会资源的教育是无能的教育，没有针对社会需要的教育是盲目的教育。的确如此，随着社区配套建设的推进，社区与学校的结合也日趋紧密，社区资源无可非议地成了学校教育的重要阵地。学校所处的社区，现在已成为沪上知名的国际社区之一，人员结构的国际化趋势让教育的发展面临着国际多元发展的需求，加上家长学历层次和教育理解的国际化，也为学校教育的拓展提供了资源和空间。学校作为这片开放社区中的一块净土，与其相伴，形成的良性循环无可非议地能够为区域的经济作出无形的贡献，学校品质的提升也无可非议地能够带动社区品质的提升。开放办学、合作办学、民主办学、科学办学已是学校发展的重要命题。

联合国教科文组织国际教育发展委员会在《学会生存——教育世界的今天和明天》中呼吁："整个社会不仅必须发展、丰富、增加中小学和大学，而且还必须超越学校教育的范畴，把教育的功能扩充到整个社会的各个方面。"要构建终身教育体系，从而实现学习化社会。

终身教育，是学校教育在时间和空间上的延伸，既是将学习贯穿到人的整个生涯的过程，又是使学校教育不断融入社会的过程。对此，我们认为，要坚持学习化社会和终身教育的理念，就必须从空间上加强学校教育与社会教育、生活教育的衔接，并赋予其各自不同的职能与义务，保证教育空间尽可能地扩大。未来的学习化社会，学校具有不可替代的教育价值。正因如此，学习化社会的形成，就应该建立在开放的教育体系基础上，并具备终身学习、终身教育的环境条件。在教育的发展史上，学校的变革总要适应社会对教育的要求，并充分利用社会中蕴藏的教育手段和教育资源，作为一种能动的力量，与社会互动，引导并推进社会变革。

学校是教育系统，也是一个微型的社会。教育的最终目的是服务社会，让人类能够幸福地生活。作为校长，我和我的同事们一直坚守学校教育必须肩负的培养人才之责任、必须担当的服务社会之重任。为此，我们在学校教育推进的过程中，总是在为现代社会培养人才的同时，尽可能地利用优势资源为社会经济政治文化建设服务，为培养全面发展的人才服务，为实现学习化社会服务。推进学校与家庭、社区的良性互动，是学校服务社会的题中应有之义。

不论学校服务于社区，还是社区服务于教育，它们都以不同的时空形式占据着孩子们的生活。随着教育的发展，有目共睹的是，现代教育不仅在时间上扩展到一个人的终身，而且在空间上扩展到全社会。学生是学校生活的个体，更是社会的个体。家庭、社会、学校三者共同构成了孩子学习与成长的环境。只有将学校、家庭、社区的教育力量统一起来，才能达到最佳的教育效果。

在现代社会成长起来的孩子，生活在一个变幻莫测的世界中，他们看待社会与接纳社会的方式，当然已不再局限于来自学校里知识的传授。孩子们需要各方面的知识和技能，以适应复杂的社会环境。从这个角度而言，学校的力量，的确是显得微不足道，学校教育单方面的力量似乎已无法在现代教育的生态环境中为学生的现代技能的养成撑起一个完美无缺的空间。学生作为一个个体，需要综合的教育力量来帮助塑造他们的人格，净化他们的心灵。在这样的教育需求之下，我们教育理念中的学校，就应该是一个无限开放的空间，一个孩子们可以感受自然的和谐、生命的蓬勃与生活的美好的真实社会空间。学校有条件、有责任主动沟通各方教育力量，使学校教育更好地满足孩子成长的需求。

作为校长，在确立"微笑每一天"的办学理念时，我就已深知，微笑是从心底绽放的幸福，是个体需要得到尊重和满足的真实反映。微笑，不仅仅是学校的办学准则，更是家庭教育的指向，也是社区文化的精神追求。在为孩子们播种微笑、收获微笑的路上，我深感要为孩子们打造一个开放、和谐、文明的校园，打造一个健康、快乐、真实的社区，让孩子在和谐、文明、向上的环境中成长，让孩子绽放真诚的微笑，是家庭、学校、社区义不容辞的责任和共同的价值追求。

　　社区、学校、学生的共同需求，都期待着大宁国际小学在开放办学机制上开拓创新。几年来，我们一直在探索着有效的家校社区合作机制，力图打造开放的校园，构建"没有墙的校园"氛围，打破学校、家庭、社区之间的壁垒，以教育的合力为孩子的幸福和成长负责。

学校、家庭、社区三位一体教育议事委员会

　　大宁国际小学建校之初，家校合作主要是由家委会与学校协调工作。为了让家委会更好地发挥应有的职能，让"微笑理念"形成学校、家庭与社区的共同价值追求，学校在开放办学、民主办学、合作办学机制上进行了创新与探索。2010年，在区教育局的直接关心下，学校建立了当时区域首个学校、家庭、社区三位一体办学的组织协商机构——教育议事委员会，开始开展以教育议事委员会为载体的开放办学模式的探索与实践。

　　教育议事委员会旨在吸引社会各方面力量支持学校发展，在教育协商、民主监督、参与决策和管理、有效沟通等方面都直接参与学校的工作。教育议事委员会的成立，为三位一体联动办学提供了组织机构上的保障。而作为民主办学的管理机制的创新，教育议事委员会成为学校、家长、社区的沟通平台，成为实现三方共同参与学校变革的载体。

　　教育议事委员会通过民主选举而产生。教育议事委员会成员是由社区、家庭和学校三方代表共同组成。在选举时，学校制定了三个基本原则：代表应具有一定的知名度和影响力；代表要具有一定代表性，以保障听取不同层面群体的声音；代表能够确保有条件履行自己的职责和权利。其中，学校代表包括校长、书记和工会主席，作为必然代表，以及中层管理人员代表和教师代表各1位。家长代表的选举，因为已有的家委会本身就是家长代表的组织，因此，家长代表由家长委员会推举产生。在社区代表的选举上，由于最初学校与社区之间的互动不够充分，相互间不够熟悉，因而选择了推荐制，由社区所在街道推荐1名当然代表，然后由这名街道代表联络各社区进行知名人士调查，通过社区和知名人士的沟通，确定其余3名代表入选。2010年9月1日，在学

校即将迈入新的征程的时刻，大宁国际小学首届教育议事委员会第一次全体会议正式召开，与会代表 13 名，教育议事委员会就此拉开了共同推动学校教育发展的序幕。

我们认为，一个组织要实现生生不息的可持续性发展，就必须依赖制度化而又和谐的运作体系，奏响和而不同的声音。制度化管理是一所学校内涵发展的推动力。学校无论是从无序走向有序，还是从有序走向规范，都需要必要的规章制度。在教育议事委员会成立的同时，教育议事委员会章程基本决议也经全体讨论一致通过。章程规定了各方相应的权益与责任，其规范化与弹性化，成为议事委员会运作的基本保障。

我们的愿景，是每个人都能够成为学校的主人，真正实现彼此"以参与为主，以民主为魂"的共识。所以，我们在教育议事委员会章程中明确提出："教育议事委员会所有成员皆为学校教育之当然志愿者，共同为学校发展出谋划策。"同时，规定教育议事委员会具有知情权、参与权、建议权、监督权和评估权，并围绕这些权益进行相应的机制创新。其中知情权，即教育议事委员会有权知道学校规划与重要工作的目标、内容与实际进展；参与权，即教育议事委员会有权参与学校日常生活与学校的重大改革的管理与决策；建议权，即教育议事委员会有对学校各项工作提出建议和意见，并保障其建议和意见能够得到应有的重视与回应的权利；监督权，即教育议事委员会对学校各项工作的状况，能够在法律法规的框架下，依据学校规划、计划和规章的要求，监督学校各项事务的运转；评估权，即教育议事委员会有能够就社区、家庭对学校教育的满意度、学校重要项目完成的情况听证和评估的权利。

民主管理不仅在于管理，更在于最大化地彰显民主。好的制度是富有生命力的，而富有生命力的制度一定是使制度中的参与者有自主意识，有角色认同，能够互相监督、制约、激励，能够将管理内化于自觉的行为中的制度。

第三节
发展导向的评价体系

促进学生全面发展，使之具备适应终身发展和时代发展需要的关键品格和必备能力始终是我国深化教育改革的重要战略性目标，也是我国全面深化基础教育课程改革的基本理念和价值旨归。不论是近年来基础教育领域普遍倡导的核心素养体系，还是我们在办学过程中追求的学生全球胜任力的培育，实际上都是落实学生全面发展的重要路径[①]。纵观近年来的人才培养体系创新和教育教学变革，评价的思考和重构始终是一个重要的领域，应该指出的是，任何评价的展开都蕴藏着一条或明或暗的主线，这条主线及其所内含的评价理念、规则和方法共同组成了一套完整的评价体系。对于学生全球胜任力的培养而言，一方面，它需要建构一种检验学生全球胜任力培养成效的指标体系；另一方面，对于一线学校而言，它倡导一种多元主体共同参与的以促进学生发展为导向的评价理念。基于这种发展性的评价理念，学生的全面发展和成长才能够有适切的引领和保障。

一、发展性评价的理念解读

著名教育评价专家斯塔弗尔比姆（Stufflebeam D. L.）曾经指出："评价最重要的目的不是为了证明，而是为了改进。"这也就意味着学校教育的学生评价的核心价值取向应该是促进学生的发展。

在培养学生全球胜任力的过程中，学生评价应该评些什么？应该按照什么标准来评？这就得看需要学生发展哪些方面的素质，看这些素质的具体内容是什么，而这又是由教育目的决定的。在我国，教育目的就是教育方针所规

---

① 徐彬，刘志军. 指向核心素养的课程评价探析 [J]. 课程·教材·教法，2019（7）：21-26.

定的培养"德智体美劳全面发展的社会主义事业建设者和接班人"。教育目的的具体化就是教育目标，即学生发展目标。对于学生个体来说，这种发展目标应该体现为：

第一，全面性发展，即作为全人的身心全面发展。这种全面发展，不但包括德、智、体、美等方面的发展，而且每一方面都包括认知、情意和践行的发展，是一种全方位的、立体的发展。我国教育方针的规定体现了社会要求和个人要求相统一的学生发展观。

第二，基础性发展，即着重于全面素质中的基础性部分的发展。这是中小学生为其终身可持续发展奠定基础所需，也是基础教育的根本使命所在。对此，教育部将它规定为道德品质、公民素养、学习能力、交流与合作、运动与健康、审美与表现六项"基础性素质"。这六项"基础性素质"及其所包含的下位要素的选择和表述在科学性上有不够严谨之处，但它确实体现了基础教育阶段少年儿童需要"全面的基础性发展"这一精神。

第三，适应性发展，即各项素质内容的具体规定都要适应国情，适应时代要求。首先，要符合我们国家对"建设者和接班人"的要求，而不是笼统的"身心"或"德智体美劳"的发展。其次，要符合时代的要求，与时俱进，而不是停留于僵化不变的教条。特别要注重发展现代人所必备的那些素质，比如联合国教科文组织提出的"学会认知""学会做事""学会共同生活""学会生存"这"四个支柱"。

第四，个性化发展，即在全面发展的统一要求下的个性化发展。人与生俱来的个体差异，社会对其成员发展的千差万别的需求，以及个人对自己发展方向的不同选择，决定了个体之间发展方向、发展速度、发展方式的非等同性，也决定了每个人的各方面素质发展的非均衡性。这不仅是不可改变的客观现实，而且也是社会和个人发展的客观需要 ①。

任何形式的评价，都必须围绕一定的教育目标来实施，并为教育目标的实现提供保障。促进学生的发展是我们教育目标的核心体现，基于这样的理解，倡导基于学生成长成才的发展性评价成为当下学生评价的一个重要趋势。

---

① 彭德昭 . 促进发展：学生评价之本 [J]. 教育导刊，2007（1）：21-24.

《基础教育课程改革纲要（试行）》（以下简称《纲要》）指出，要"建立促进学生全面发展的评价体系。评价不仅要关注学生的学业成绩，而且要发现和发展学生多方面的潜能，了解学生发展中的需要，帮助学生认识自我、建立自信。发挥评价的教育功能，促进学生在原有水平上的发展"。倡导发展性学生评价是落实《纲要》精神的具体体现。发展性学生评价观，是面向未来的、适应中国教育发展的、具有中国特色的教育评价新理念；是有利于学生身心全面和谐发展的、个性化的、民主的、自由的、全新的学生评价体系；能促进学生身心全面和谐发展，尤其是多元潜能的开发和个性的张扬；其重要的目标是培养学生的创新精神和实践能力[①]。

在我们看来，发展性学生评价的基本理念应该体现在如下几个方面。

（一）评价主体多元化

评价者不应仅是教师、学生本人，还应包括管理者及与其学习成长相关的人等。因为多元评价主体可以为学生的成长与发展提供多角度、多层面的评价信息，而且多元评价主体要与被评价者之间形成双向互动或多向互动，在平等、民主的互动中关注和满足被评价者的成长和发展的需要。同时，被评价者成为评价主体，也有利于提高被评价者的主体地位，发挥自我评价、自我反思、自我教育的功能，促使被评价者健康成长与全面发展。

（二）评价内容多样化

创新人才的培养就是以学生的全面发展与成长为根本目的，在关注学生学业成就的同时，更加关注学生的全面发展，即要按照创新人才培养的要求，在考查学生知识获得与智能增进的同时，在评价体系中有机地增设情感态度与价值观的变化、创新意识与实践能力、分析与解决问题的能力、合作精神与协调能力等方面的评价指标。

---

① 韩立福. 全面发展性学生评价观——一种面向未来教育的评价理念 [J]. 教育理论与实践，2004（5）：21-25.

（三）评价注重过程性

发展性评价强调收集并保存能表明被评价者发展状况的关键信息，对这些信息的呈现和分析能够形成对被评价者发展变化的认识，并以此为基础有针对性地对被评价者提出激励或建议。

（四）强调评价的人文关怀

注重人文关怀和文化性格，强调有效引导文化传承和人的和谐发展。作为教育重要组成部分的教育评价不能不带有文化背景，不能不考虑文化因素，忽略文化因素的教育评价不能称其为合理的评价，忽略文化传承谈人的发展也不能称为真正意义上的发展，多样性和差异性是人的发展的本质要求。

综上所述，发展性评价就是以充分发挥评价对学生学习与发展的促进作用为根本出发点，以融合教学与评价为基础和核心，在关注共性的基础上注重个体的差异发展，通过系统地搜集评价信息并进行分析，对评价者和评价对象双方的教育活动进行价值判断，实现评价者和评价对象共同商定发展目标的过程。

二、综合性评价的校本建构

现代评价的变革，衍生出了诸多新型评价理念，诸如过程性评价、表现性评价、真实性评价等，但是这些评价有着共同的价值追求，那就是充分发挥评价促进发展的价值，因此，促进发展应该成为现代教育评价的核心价值追求。

小学阶段是学生基本道德素养养成的关键时期。我们认为，对于小学生德育发展来说，习惯养成、社会责任、自我概念的建立与完善尤为重要。习惯养成是基础，帮助学生建立规则意识，养成良好的学习生活习惯；社会责任是帮助学生初步建立国际、国家和公民的基本概念，并通过实践认识自我价值和社会价值；自我概念的形成是小学生心理发展的重要内容，帮助学生正确地认识自我，厘清个体和他人的关系，形成积极健康的个人成长理想与目标。同时，结合学校境内外学生融合的特点，文化认知、文化理解与尊重以及文化沟通是学校德育的一项重要内容。

学校"微笑"理念的内涵，既包括为学生的微笑生活创设良好的校园硬件环境，也包括教师引导学生微笑面对学习与生活。要让学生感受天天微笑，学校就必须播种微笑，为学生的成长提供适合的、多元的、个性化的教育服务，让学生在学校里学习应该学习的一切，选择自己喜欢的、适合自己的一切。

围绕这一价值追求，学校持续推动学生评价体系的校本建构，在"微笑学校"办学理念的指导下，尝试建构以"微笑存折"为特色的校本评价体系，努力将表现性、过程性、多元性的评价要求融入学校评价体系，通过完善科学的评价体系引领课程与教学变革，促进学生成长成才，为学生全球胜任力的培养提供良好的外部保障和反馈评价。

（一）"微笑存折"评估方案概述

以"微笑存折"为载体的学生综合发展评估体系，包括"微笑礼仪""微笑服务""微笑活动""微笑习得""微笑强者"五个方面的内容评估。"微笑礼仪"关注学生日常的文明礼仪、遵守规则等表现；"微笑服务"关注学生生活自理与公益服务的表现；"微笑活动"关注学生参与校内外各项活动的态度和表现；"微笑习得"关注学生的学业态度和思维品质；"微笑强者"关注学生针对自身不足和发展兴趣所制定的目标和行动。

每个板块，教师和学生共同参与，讨论了具体的评价项目和细则，并设计了蓝色、绿色、粉色、橙色、灰色等不同颜色的评估奖章。"微笑存折"评价表参见表6-2。

表6-2　"微笑存折"评价表

评价项目	评价内容	评价周期	奖章颜色	评价人
礼仪	守时、服饰、个人卫生、广播操、眼保健操、用餐、"三清"、集会、课前准备、交往	每周1次	蓝色	班级各岗位小干事
习得	基础型课程、拓展型课程、探究型课程	每学期2次（第一阶段、第二阶段）	绿色	各学科任课教师

（续表）

评价项目	评价内容	评价周期	奖章颜色	评价人
服务	自我服务	每周1次	粉色	家长
	班级值日 学校劳动			小队长、 劳动干事
	班级岗位			中队各职能部
	社会公益	每学期2~4次		假日小队队长、辅导员
活动	参加校内外各项活动	根据实际情况	橙色	（大、中、小）队干部、干事
强者	落实自定的强者计划		灰色	见证人

每学期期末，根据学生每一个板块获章数量可以评选单项"微笑之星"。综合评估优秀的学生则可以荣获"微笑全能之星"称号。

（二）"微笑存折"评估的效应思考

"微笑存折"评估最重要的一个价值，是诠释了我们的全面质量观念：从分数走向学习过程；从学科走向综合发展；从整体走向关注个性。

"微笑存折"就像是一份契约，是在学校文化引领下，师生共同约定、共同发展和共同实践的契约。而这份契约要落地，则是牵一发而动全身的系统工程。分析评估折射的理念和影响，我们认为，通过评价，我们达成了某些共识。

首先，评价即生活。"微笑存折"的评价内容不求全求备，核心的一条标准就是评价即生活。因此，"微笑存折"要反映生活；"微笑存折"要指导生活；"微笑存折"也是生活本身。

比如，"微笑礼仪"板块的10个项目，就是学生日常养成教育的主要内容。每一个项目的评价规则，都是教师引领，师生共同讨论，通过生活情景教育，从系鞋带的好方法、洗手八步法、书包空间的合理实用等这些切入口小的生活方式入手，形成规则，并规范指导。

"微笑强者"，是学生对自我成长进行规划的小台阶。为了加强指导，我们每学期初都会举行混龄结对指导，让高年级的学生担任小老师，向低年级学生介绍自己如何制订强者计划，如何完成强者行动。同时，我们增加了"见证人"项目，鼓励学生之间的互助成长。

其次，评价即责任。没有学生主体参与的综合评价是缺失基础的。而要让学生变被动为主动，就要通过"微笑存折"建立学生的自我责任感。

"微笑存折"的评估过程，让学生更清楚地了解，"微笑存折"就是自己学习、生活的真实反映。自己的学习、生活的过程决定了存折的呈现，体现了自己对自己负责。

"微笑存折"的板块呈现，让学生能够了解自己的优势是什么，不足在哪里，自己的兴趣特长有没有得到发展，自己的强者计划落实如何，等等。学生可以评估自我，并据此制定进一步发展的规划。

让学生成为主体，还在于创设机制让学生真正参与评价的过程之中。我们设计了"总干事、干事"制度，在学校、班级设置了多个岗位，让每一个学生都有机会体验岗位，成为示范者、服务者、监督者和评价者。

再次，评价即效益。综合评价要落实，对教师肯定就是负担，要让负担成为动力，就要让评价切实体现教师主体智慧，也要让评价彰显教育效益。

"微笑习得"板块，教师们设计了课堂表现、技能重组、知识掌握三个维度（参见表6-3）。

表6-3 "微笑习得"板块评价维度

项目	要求	奖章
课堂表现	考查学生在课堂回答问题、主动提出问题的质量	问号章
技能重组	考查学生口头作业、书面作业、练习、弹性作业的完成态度及质量	铅笔章
知识掌握	通过评价活动阶段性检测学生知识、技能的掌握情况	感叹号章

课堂表现关注学生质疑和表达，教师的教学设计就要关注问题的设计、对学生质疑的预设与策略。课堂教学中还要关注提高学生的参与度，形成我们课堂教学的质疑文化与鼓励文化。

知识掌握部分，原来是针对语数外这些考查学科设计的。对于非考查学科如何落实，教师们通过集体智慧，创造性地将学科长作业、学科活动纳入评价。这些设计有效地推动了学科项目的发展，表现性评价、跨学科项目学习、长作业等成为学校课程教学的特色，支持了教师的专业发展。

我们的教师们说，"微笑存折"的影响之一是转变了他们的学生观。通过"微笑存折"，他们突破了学科的局限，认识到学生具有更多的发展潜力和可能。

"微笑存折"的影响之二是增强了经营意识。班级岗位的设计与培训、学科活动的丰富与拓展，拓宽了课程为学生服务的途径和方式。

最后，评价即收获。获得"微笑单项之星"和"全能之星"的毕竟只是少数学生，要让每一个学生体验"微笑存折"带来的成长收获，我们设计了校园货币——代金券，面值1元、2元、5元和10元。

学生可以用日常积累的笑脸章兑换代金券（参见表6-4），每月一结算。除了正常的兑换机制以外，在重大活动或者比赛项目中取得突破性成绩，或者学生在礼仪交往中有重要贡献和突出表现等，也可以获取校长奖励基金，额度为50~300元。

表6-4　奖章兑换标准

代金券面值	奖章
1元	蓝色
2元	绿色、粉色、橙色、灰色
5元	银色
10元	金色

通过代金券机制，每一个学生都能够兑换到一定数额的代金券，代金券可以购买学习用品，也可以用来参加自助餐、学生艺术秀、社会实践活动等。代

金券的实施，带动了学生自我管理、规划和使用代金券的金融意识，也让更多的学生享受到自己成长的收获。

与此同时，在代金券推行过程中，家长、教师和教育人士中有一个呼声——代金券是否会助长学生"物化"的倾向？要认识代金券的利弊，并放大利，弱化弊，关键就在于价值导向。

所以，在我们学校，

——你会看到感恩节专场、母亲节、父亲节、慈善专场，为自己感恩的人和有需要的人送上一份自己努力争取得来的礼物。

——你会看到学生享受存折收获的过程同样是评估和体验的过程。达人秀、自助餐会有着装、礼仪的规范要求。

——你会看到在各项活动中，学生们乐于放弃参与活动的机会，担当志愿者服务。特别是高年级学生对低年段学生的志愿服务已经成为校园文化，也是高年级学生的荣耀。

通过这种积极正向的引导，学生们随着年龄的增长，会越来越平和、积极地面对代金券的价值。

"微笑存折"作为综合评价载体，带来的是理念和行动的内涵式变革。这种探索必将为学校突破评价瓶颈提供坚实的基础，也会推动学生全球胜任力培养的发展，成为学校变革不可或缺的支持性力量。

结 语
为学生的全球胜任力持续奠基

教育是培养人的社会活动，不论是基于生命个体的成长，还是基于社会的发展进步，教育的价值都无须赘述。教育的变革，人才的培养，既要关注当下，更需要面向未来。教育之所以能够通过系统性变革打造更为美好的未来，是因其能够塑造年轻一代的思想，从而改变过去几代人争取和奋斗而建立的制度，把建设"我们追求的未来"变为现实，教育将在此过程中肩负重任[①]。

2018 年 4 月 5 日，OECD 在官网发布了一份题为"教育与技能的未来：教育 2030"的简要报告，概述了 OECD 近几年启动的"未来的教育与技能：教育 2030"项目的框架与相关进展，该项目重新审视新时代背景下的个人与社会发展需求，拓展核心素养的内涵，以求就构建 2030 新未来所需的知识、技能和态度等达成共识。OECD "教育 2030"项目勾勒出了未来教育的使命（参见表 7-1），也成为引领信息时代教育变革的重要价值导向。

表 7-1 OECD 未来教育使命一览表[②]

未来教育目标	解读
教育要面向更广阔的目标——2030 幸福生活	不仅包括针对就业与掌握技能的教育，还覆盖了国家和全球层面上的"公民"教育，以及数字 / 数据智能教育

---

① 舒越，盛群力. 聚焦核心素养，创造幸福生活——OECD 学习框架 2030 研究述要 [J]. 中国电化教育，2019（3）：9-15.

② OECD.The Future of Education and Skills：Education 2030, the Future We Want[R].Paris：OECD, 2018.

（续表）

未来教育目标	解读
教育为了获取共同利益	在一些国家，个人自主权、个人成就和个人技能发展面临巨大压力，有必要重申作为一个"人"的社会性质。此外，教育系统不应只注重卓越和创新，导致以脱离弱势群体为代价。教育系统不应加剧现在已存在的社会不平等现象
教育要发展"主体性"	以负责任且有意义的方式开展行动，培养"主体性"，这也是 OECD 学习框架的核心概念
教育要塑造完人	这里的"完人"教育，包括培养社会和情感技能，陶冶道德价值，而不是单纯强调学业成就，比如亚洲国家提倡的"德智体"全面发展教育
教育要培养终身学习的热情	包括培养自学能力，激励好奇心和内在驱动力
教育要确立成长心态，摒弃盯住缺陷的做法	教师和学生都应该相信学生本身具备学习能力，并对其抱有较高期待，而不只是关注其不足
教育应解决真实世界问题	当学生长大后，他们可能会面临现实生活中的问题，这是教师或教科书可能不曾提供答案的。当学习者感受到"真实性"时，很可能会激发其内在动机。提供从现实生活中开展学习的机会，能够帮助学生发展抓住新机遇、识别新问题的技能与洞察力，并根据特定情境选择解决方案
教育要抓深度学习，避免超负荷学习	教育系统应该为学生提供高质量的学习机会，避免课程与评估超载
教师角色实现从"讲台圣贤"到"躬身指导"的转变	教育系统不应假定教师或教科书可以提出解决学生在课堂上所遇到的所有问题的解决方案
重新思考学生成功的内涵	学生的成功往往被理解为"学生学习的成果"，特别是学业成果。然而，近年来，"过程"被认为存在其本身的内在价值。学生的学习经历或学习过程与学生学习的结果同等重要

党的十九大宣告中国特色社会主义进入新时代，这是我国经济社会发展新的历史方位。在新的历史方位上，教育变革的内涵更加丰富，对教育公平和有质量的要求更加迫切。习近平总书记关于教育事业发展的系列重要讲话、

全国教育大会和《中国教育现代化2035》等，擘画了我国未来教育变革的宏伟蓝图，这一理想要转变为现实，固然需要整体层面的系统性顶层设计，但更需要每一个学校扎根实际，勤勉探索，不断积累和形成个性化的人才培养经验，夯实高质量人才培养体系建构的基础。对于大宁国际小学而言，开展学生全球胜任力的培养研究和探索，正是我们主动对接未来教育发展需要和我国新时代人才培养体系改革的一种积极尝试，是我们勇于承担新时代学校"立德树人"职责的重要体现。

作为区域深化教育个性化聚焦核心素养培育的子课题学校，学校承担区本全球胜任力素养培育的研究，这个课题既和学校基础教育国际化发展的办学使命相吻合，又代表了国际教育发展的新动向。因此，学校将课题研究纳入学校整体发展规划，确立为学校十年新一轮发展的引领课题，是学校全员参与、全面引领、全程融合的重大课题。基于这样的定位和基础，课题第一个三年研究取得了初步成效。

其一，课题影响力初步体现。学校先后在区小学段科研沙龙（2018年10月）、区学术季（2019年1月—2019年11月）兄弟单位和学校（奉贤区教育学院、市一中学）的课题交流活动中，分别就相关课题的设计、课题推进和研究情况进行分享交流，获得好评。2019年、2020年，得到区科研室及市专家推荐，本课题得以进一步论证修订，并申报教育部重点课题。"第一教育"公众号在2019年11月报道静安教育周的过程中，也专门采访并报道了学校为全球胜任力奠基的实践经验。

其二，学校课题推进逐步深入。目前，为全球胜任力奠基已经成为学校新一轮发展的核心课题，纳入学校四年发展规划、年度学校工作计划和部门计划。在指标模型的解读与分析基础上，基本形成学科研究100%有课题；教师参与课题研究的覆盖面达到100%。同时，随着课题的逐步推进，学校已经逐次经历点上研究—提炼总结—构建范式—常态运作的研究新常态，如"微笑午间70分"活动、跨学科教学及跨学科主题实践活动、研学之旅及学科朗读者、TED演讲等都成为学校教育教学活动设计实施的新亮点。与此同时，通过两轮实践改革的优化调整，学校进一步对全球胜任力的内涵、关键要素和指标模型进行修订，对跨学科教学等相关领域的实践研究进行提炼，并形成校本研究的重要经验。

其三，校本科研培训一体化机制基本形成。依托课题全覆盖的研究基础，学校和市、区科研单位建立了深度研训的一体化研究机制。一方面，通过聘请专家团队，建立专家－学科一对一常态研训的模式，通过参与式互动培训，不断推动学科研究的可持续性发展；另一方面，学校充分利用已有的研究生教师团队，为每个课题组配置 1~2 个研究小助手，协助学校科研室做好学科组科研方法指导及课题研究支持工作，并通过学科组课题研究的实践，增进他们科研、教研和德研一体化的意识和能力。

除了上述显性的价值之外，我们在实践之中更能够深刻感受到师生的现实变化。因为有了全球胜任力理念的渗透，他们认识问题、思考问题和解决问题的思维方式更加多元，具体路径更具操作价值，对于未来的憧憬和参与社会问题的期盼，时常通过他们微笑的面庞得以展现。更为重要的是，全球胜任力已经成为学校上下共同的话语方式，成为学校师生普遍认可的价值观念，其必将在学校未来的发展征程中继续打下深刻的烙印。

从当前的情况看，尽管全球胜任力的培养在国内已经引起了一些关注，但是系统性的理论与实践研究还没有形成体系。就本校的研究而言，我们这一阶段性的研究也主要是建构了学校个性化的全球胜任力培养模型，并对全球胜任力导向的课程与教学变革理念、方法进行了一定的探索。这些研究尽管是必要的，但是从更高层面的要求上看，它还没有抵及全球胜任力培养的核心问题。这也是我们将这一阶段性成果命名为"第一辑"的原因，我们期望通过后续的努力和探索，进一步建构涵盖全球胜任力培养专门课程在内的完整的全球胜任力课程体系；进一步探索教学方式的转变，提升教学方式与全球胜任力培养之间的内在契合度；进一步变革校本教师培训范式，着力提升教师的全球胜任力素养；进一步细化全球胜任力的各项指标体系，建构与之相应的特色化学生全球胜任力培养评价模型，以求推动学生全球胜任力培养的更深层次变革。

教育工作宛如春风化雨，润物无声，需要长久的、持之以恒的探索与积淀。我们打算用"十年磨一剑"的精神和气概持续抓好学生全球胜任力导向的人才培养范式变革，特别是聚焦小学教育的阶段性特征，通过针对性的课程、教学、评价设计，赋予大宁国际小学学生独特的成长烙印，让学校真正成为学生全球胜任力培养和综合素质提升的奠基平台，也在基础教育变革的时代舞台上继续书写大宁国际小学浓墨重彩的灿烂篇章。